KB052091

돈이 돈을 부르는 전업주부 재테크

돈이 돈을 부르는 전업주부 재테크

김미옥 지음

마음세상

Part2 I형 주부의 소소한 실전 투자

돈의 질서를 만들어주는 재테크 전략

어떤 우연 하나가 새로운 삶의 궤도로 들어서게 만들기도 한다. 놀이터에서 만난 엄마들의 수다에서 나의 삶의 궤도가 방향을 달리했다. 엄마들의 수다의 주제는 매번 지출에 관한 이야기였다. 그리고 대화의 끝에는 항상 돈에 대한 걱정으로 마무리되었다. 한정된 생활비로 어떻게 가정 경제를 살려낼 까는 놀이터에 모인 엄마들의 공통된 문젯거리였고, 언젠가는 풀어야 할 숙제이기도 했다. 그 문제를 풀어 보기로 다짐하고 소소한 나만의 재테크를 시작했다.

처음 시작은 지출관리 재테크였다. 한정된 생활비에서 소리 소문 없이 사라져 버렸던 돈을 붙잡았고, 질서 없이 서성거리다 사라지는 돈에게 질서를 만들어 주었다. 숨만 쉬어도 사라져 버리는 고정 지출비를 제외한 100만 원의 생활비는 식비, 학원비, 품위 유지비 정도였다. 식비는 50만 원에서 25만 원으로 줄이고, 아이들 학원을 끊고 28만 원과 식비 25만 원을 합친 53만 원으로 적금 통장을 만들었다. 품위 유지비로 쓰이는 옷과 신발, 화장품, 미용비용 등은 한 달 10만 원으로 제한을 두었고 나머지 12만 원은 아이들 이름으로 소수점 주식투자를 했다. 지출 관리 재테크로 돈의 흐름을 눈으로 확인할 수 있도록 가계부 작성을 시작하였다.

　그다음은 목돈을 지키는 지혜를 갖는 것이었다. 지출 관리 재테크로 푼돈이 목돈이 되어 가는 과정을 경험했다. 100만 원이 모이면 그다음은 1,000만 원, 2,000만 원, 5,000만 원의 목돈이 만들어졌다. 푼돈의 힘은 생각보다 강하다는 것을 경험하는 순간이었다. 인생에는 예기치 못한 일들이 수없이 벌어진다. 그중에는 큰 목돈이 필요한 일들을 마주하기도 한다. 남편이 다니던 직장을 그만두고 창업을 하고 싶다고 했다. 남편의 말은 통보에 가까웠다. 이미 창업의 진행 상태는 80%였다. 현금 3,000만 원이 필요하다는 남편의 말에 나는 비밀 통장에 넣어두었던 5,000만 원 목돈을 담보로 대출을 받았다. 수익이 없는 전업 주부에게 은행권 대출은 쉬운 일이 아니었다. 다행히 예금 담보 대출을 이용해 남편의 사업 자금을 해결할 수 있었다. 적금기한이 남은 통장을 해지하는 것보다는 예금 담보 대출을 하는 것이 더 이득이었고, 단기간 사용할 목적의 돈이었기에 적금을 해지하는 것은 이자 수익에 대한 손실도 감수해야 했기에 최선의 선택이었다.

'돈이 일을 하게 하라.' 재테크 서적의 단골 멘트이기도 한 말이다. 5,000만 원의 종잣돈이 스스로 일할 수 있도록 수익형 소형 아파트를 매매했다. 오래된 저층 아파트 급매 물건으로 4,800만 원에 구매했다. 인테리어를 마치고 월세 세입자가 입주했다. 3년 동안 월세 수익금은 13,680,000원 3년 뒤 아파트 매도 금액은 70,000,000원이었다. 아파트를 매도하고 남은 수익금은 35,680,000원이다. 여기서 인테리어 비용 8,000,000원을 제외하면 소형 아파트 투자 순수익은 27,680,000원이었다. 그러나 오래된 저층 아파트를 매입하고 월세 세입자를 구하고, 월세 세입자의 요구 사항들을 해결해 주는 과정이 결코 쉬운 일은 아니었다.

부동산 매매 금액 70,000,000원을 연 6% 정기 예금에 넣어 두었다. 비과세 적용이 가능한 상품이라 대략 월 350,000원의 이자 수익이 들어온다. 세입자에게 받던 월세를 이제는 은행을 통해서 받고 있다. 비과세 한도 금액은 은행에 따라, 개인의 사정에 따라 달라질 수 있다. '돈이 스스로 일하게 하라'는 재테크 법칙은 여전히 진행 중이다. 세입자의 불만 사항을 해결 해줄 필요도, 감정 소비를 하지 않아도 되는 것이 무엇보다 좋았다. 은행 예금 금리가 하락하고 있지만 은행별 특별판매 예적금 상품들은 여전히 금리가 높다. 투자의 흐름을 잘 관찰한다면 적당한 시기에 투자해서 적당한 시기에 수익을 보는 것도 하나의 전략이다.

부동산 시장과 주식시장이 여전히 침체기이다. 어디에 투자를 해야 할지 선택할 수 없다면 그때는 공부하는 시간을 가져 보는 것도 좋다. 재테크 관련 강의를 들으러 다녀도 좋고, 책을 읽어도 좋다. 책은 가장 저렴한 가격에 큰 수익을 얻게 해주는, 가성비가 아주 좋은 재테크 공부 방법이다. 책에는 우리가 만나고 싶은 유명한 투자자들의 이야기를 들을 수 있다.

'북테크'라는 말이 있다. 책을 읽는 것 역시 재테크 중 하나이다. 1년에 200권 정도의 책을 읽으며 나만의 재테크를 위한 지혜를 얻기도 했다. 지금 당장 어디에 투자할지 길을 찾지 못했다면 북테크를 먼저 시작하라고 말해주고 싶다.

나만의 소소한 재테크는 여전히 진행 중이다. 지출 관리 재테크로 돈의 질서를 만들고, 목돈을 지키는 지혜로 손실을 최소한으로 줄이고, 목돈이 스스로 일을 할 수 있게 환경을 만들어 주었다. 처음 시작은 푼돈에서 시작했다.

생활비를 아껴 모은 작은 돈들이 시간의 힘에 의해 몸집을 키워 나갔다. 재테크 관련 서적들을 읽고 재테크 고수들이 걸어간 길을 따라 걷기도 했다. 가끔은 너무 돈돈하는 것 아니냐는 주변의 말에 상처 받은 마음을 책을 통해 치유하기도 했다. 돈은 오래전부터 우리의 삶과 함께 살아가고 있다. 돈을 어떻게 대하는 가에 따라 돈의 태도는 달라질 것이다. 푼돈의 힘은 생각보다 강력하다. 품위 유지비 사용을 줄여 남은 돈으로 주식에 투자한 아이들의 주식투자 수익률은 등락률이 있기는 하지만 평균 10%대를 유지하고 있다. 분기마다 입금되는 주식 배당금은 보너스 수익이다.

생활비 100만 원으로 어떻게 적금도 넣고, 식비에 아이들 학원 비까지. 오히려 생활비가 부족하다고 생각했었다. 나만의 소소한 재테크를 하기 전까지는 말이다. 엄마였기에 가능한 일이었다. 어떻게든 가정 경제를 일으켜 세워야 하기에 방법을 찾고, 행동으로 옮기며 나만의 재테크 방법들이 자리를 잡아갔고, 그 결과는 성공이었다. 지금은 소소한 재테크를 시작하기 전보다 생활비가 늘어났다. 아이들 학원비와 품위 유지비, 물가 상승에 따른 불가피한 지출 증가 중이지만 매달 비밀 통장의 잔액은 늘어나고 있다. 블로그 운영에 관한 애드포스트 수익, 중고 물품 판매대금, 협찬 포스팅에 대한 수수료, 각종 공모전 당선 상금 등 일정하게 발생하는 수익은 아니지만 비밀 통장 잔고를 늘리는 중요한 역할을 하고 있다. 돈을 많이 버는 사람일지라도 지출 관리를 제대로 하지 못하면 돈은 소리 소문 없이 사라져버릴 것이다. 또한 아무리 지출 관리를 잘한다고 해도 돈을 벌지 않으면 관리할 돈 조차 존재하지 않을 것이다. 엄마들과의 수다에서 마주한 돈에 대한 나의 생각들이 새로운 삶의 궤도에 들어서게 만들어 주었다.

분명 알지 못하는 곳에서 방황하는 돈들이 있을 것이다. 그 돈들에게 질서를 만들어 준다면 사라지는 돈을 붙잡아 둘 수 있을지도.

니체는 말했다.

"아무것도 성취하지 못했을지라도 자신을 존경하라. 거기에 상황을 바꿀 힘이 있으니 자신을 함부로 비하하지 말라. 멋진 인생을 만드는 첫 걸음은 바로 자신을 존경하는 것이다."

Part 1
천 원에서 소형 아파트까지

빈센트 반 고흐는 "우리에게 뭔가 시도할 용기가 없다면 삶이 도대체 무슨 의미가 있을까."라고 말했다.

아무것도 하지 않고 한방에 들어오는 수익을 생각하며 확실하지 않은 미래를 기다리는 것보다 소소한 수익이지만 차곡차곡 시간의 힘을 빌려 통장 속에 잔고를 채우다보면 어느 순간 비밀 통장에 첫 투자를 위한 종잣돈이 만들어지는 기적을 경험할 수 있다. 꾸준함과 시간의 힘을 믿어보자.

소소한 재테크의 첫걸음

지출을 관리해서 나도 모르게 새어나가는 돈을 붙잡아 차곡차곡 통장 안에 모았다. 그렇게 지출을 관리하면서 통장의 잔액은 점점 늘어나기 시작했다. 처음 돈을 모으기 시작할 때는 이 돈이 모이면 무엇을 해야겠다는 생각보다는 새어나가는 돈들이 아까워 그 돈을 한 곳에 모으는 것에만 집중했다. 그래서였을까. 그때 그 시절에는 돈을 모으는 것에 조급함이 없었다. 불필요한 지출을 차단하고, 잠자고 있는 돈들을 깨우는 것에 집중했던 시간들이었다.

일터에 나가서 돈을 벌지 않아도 집에서 아이들을 돌보면서 충분히 소소하게 돈을 모을 수 있다. 천 원, 이천 원이 모여 만 원이 되고 만 원이 모여 십만 원이 되었다. 십만 원은 백만 원, 백만 원은 천만 원이 되었다. 남편은 이런 나의 푼돈에 눈길 한번 주지 않았다. 한 번씩 푼돈에 연연하지 말라는 핀잔을 주는 것 외에는 관심 밖의 일이었다. 세탁기를 돌리기 전 찾아낸 남편 바지 주머니 속 동전과 지폐는 나의 수입이다. 남편은 그 돈이 바지 속에 들어 있는지도 모르고 있다. 철 지난 외투 속 주머니 속에서 오만 원 짜리 지폐를 발견한 적도 있다. 여전히 남편은 그 돈의 존재를 알지 못한다. 그렇게 잊혀진 돈의 존재들은 모두 나의 통장 속에 차곡차곡 쌓여 갔다.

도덕경 63장에는 '천하 난사 필작어이 천하 대사 필작어세'라는 유명한 성어가 실려 있다. "천하의 지극히 어려운 일도 쉬운 일에서 시작되고, 천하의 큰일도 그 시작은 미약하다."는 뜻이다. 그 어떤 어렵고 힘든 일도 시작부터 잘 대비하면 쉽게 대처할 수 있고 아무리 크고 대단한 일이라고 해도 처음에는 미약한데서부터 시작하니 무시하거나 포기하지 말고 담대하게 일을 시작하라는 가르침이다.

수입을 늘릴 수 없다면, 지출을 관리해야 한다. 사고 싶은 물욕을 잠재우고, 매일 주말마다 외식비로 나가는 돈을 반으로 줄이며,

주말 나들이는 무료 체험이 가능한 곳으로 선택하기, 외출 시 간단한 간식과 물, 음료는 집에서 챙겨가기, 각종 이벤트에 무조건 참여해보기 등.

소소한 일상 속에서 나도 모르게 도망가는 돈들을 붙잡아 비밀 통장 안으로 가둬 두었다. 이런 작은 습관을 만드는 것에서부터 소소한 재테크는 시작된다.

미용실 갈 돈으로 애플 주식을 샀다

이십 대부터 새치가 생기기 시작했다. 한 달에 한 번은 꼭 미용실에 가서 새치 염색을 해야 했다. 그때는 그것이 당연한 일상이었다. 돈의 많고 적음을 신경 쓰지 않았다. 나 자신에 투자하는 것에 대한 거부감이 없던 시절이었다. 그런 내가 마음을 달리 먹은 건 푼돈의 힘을 알게 되면서 부터이다. 누군가는 하루 커피 한 잔 값을 아껴 그 커피 회사의 주식을 산다고 말했다. 난 미용실 갈 돈으로 애플 주식을 사기로 마음먹었다.

미용실에 가지는 못하지만 새치 염색은 해야 했다. 3분 스피드 염색약을 구매해 집에서 직접 새치 염색을 하기 시작했다. 5천 원 염색약 한통으로 3번 나눠 염색을 했다.

새치 염색은 염색약이 그리 많이 필요하지는 않았다. 아이들 머리도 약간의 미용 기술을 배워 집에서 직접 해주었다. 펌은 물론이고 커트도 직접 해주었다. 물론 아이들의 의사를 묻고 결정한 일이다. 조금 어색한 부분들이 눈에 띄었지만 그럭저럭 만족했다. 나도 아이들도. 새치 염색 비용은 우리 동네 기준, 사만 원이다. 아이들 커트 비용은 만 원. 펌 비용은 오만 원이다. 한 달 기준으로 대략 십만 원의 비용을 지출한다. 펌 같은 경우는 3달 기준으로 한 명씩 계산했다. 1년 동안 대략 백 이십만 원의 미용 지출 비용이 책정되었고, 생활비에서 그 비용을 빼서 애플 주식을 조금씩 사 모으기 시작했다. 주식은 하루가 멀다 하고 오르락내리락 변동성을 띄었고, 나는 내가 정한 기준의 금액의 언저리에 올 때 조금씩 주식을 매수했다. 소수점 투자로 그날 현금의 보유량만큼만 주식을 사야 했다. 목돈이 아니라 푼돈으로 조금씩 투자를 하는 거라 1주를 사는 날은 손에 꼽혔다. 조금씩 사 모은 소수점주식들이 10주가 되던 날 푼돈의 힘이 보이기 시작했다. 처음 주식을 매수한 3년 전 주가보다 현재 애플의 주가는 많이 오른 상태다. 최고 수익률이 90%까지 간 날도 있었으니 말이다. 그리고 잊을만 하면 들어오는 배당금도 외화 통장에 차곡차곡 쌓여 갔다.

회사의 성장성과 튼튼함에 오랜 투자를 결심했었다. 목돈이 필요해지기 전까지는 말이다.

누군가는 나의 푼돈을 우습게 보기도 한다.

"그 돈 그거 모아서 어느 세월에⋯⋯."

하지만 난 그들의 말에 꿈쩍도 하지 않는다. 그 돈을 그렇게 모아서 작은 소형 아파트도 구매하고 남편의 빚도 갚아 주었으니 말이다. 요즘도 여전히 그들은 나의 씀씀이에 불만 가득한 말들을 한다. 너무 궁색하게 살지 말라고. 그거 그리 아껴서 뭐할 거냐고. 인생은 짧다고. 그들의 말이 틀린 말은 아니지만. 동의도 할 수 없다. 넉넉하게 살고 있지는 않지만 가끔 사고 싶은 것들을 사고. 먹고 싶은 것을 먹으며 살고 있다. 충분하지는 않지만 그럭저럭 사람처럼 살아가고 있다. 가끔 그들의 날카로운 말에 마음이 베이기도 한다. 그럴 때마다 통장 잔고를 바라보며 마음을 달래 보지만 헛헛한 마음이 들 때도 가끔 있다.

'뭣하러⋯⋯.'

어느 날은 일탈을 꿈꿔 본 적도 있다. 지하철역 몇 정거장만 지나면 유명 백화점이 있다. 큰 맘 먹고 백화점 명품관으로 향했다. 친구가 샀다 던 그 미니백을 사고 싶어서였다. 나도 까짓것 그거 하나 살 돈 충분히 있다고. 하지만 사고 싶었던 브랜드 매장 안으로 들어가 보지도 못하고 그냥 집으로 돌아와야 했다. 지하철 안에서 헛웃음이 나왔다. 다행이라는 안도의 한숨도 나왔다. 명품 브랜드 매장은 가고 싶다고 마음대로 갈 수 있는 곳이 아니었다. 미리 예약을 해야 했고 예약을 했더라도 그날의 매장 컨디션에 따라 볼 수 없을 수도 있다는 이야기를 전해 들었다. 복잡한 구매 환경이 어쩌면 잘 된 일이지도 모른다. 그날 만약 아무런 제약 없이 매장 안으로 들어갈 수 있었다면 나는 분명 그 미니백을 샀을 것이고. 그 미니백을 보며 기쁜 마음보다는 후회와 허영 앞에 괴로워하고 있었을 테니까.

애플 주식을 팔았다. 최고의 수익률일 때 매도하지 못해 아쉽지만 이만한 수익도 감사하다. 해외 주식은 매도 하면 주식에 대한 수익률은 물론 달러에 대한 환차익 수익도 존재한다. 목돈이 필요해 수익률이 좋은 주식들을 정리하고 있다. 푼돈으로 사 모았던 애플 주식이 작은 목돈으로 돌아왔다. 여전히 나를 보며 궁색한 씀씀이에 혀를 내두르는 사람들이 있다. 그들의 말이 가끔 일상을 뒤흔들 만큼 강한 무게감으로 다가올 때도 있다. 나의 처지가 비참하게 느껴질 때도 종종 있다. 비록 실패로 끝났지만 한 번의 일탈을 경험해 보고 알았다.

그들의 말대로 살 필요가 무엇일까? 나는 나대로 나답게 살아가면 되는 것을. 그들의 말에 일희일비하지 말자. 그냥 내가 할 수 있는 일을 하면 되는 거라고. 아무도 해주지 않는 말을. 누군가에게 듣고 싶었던 말을 자주 나는 나에게 해주고 있다.

잠자고 있는 돈을 깨우자

나에게는 쓸모없는 물건들이 누군가에게는 꼭 필요한 물건일 수 있다.

창고 깊숙이, 옷장 깊숙이 쓰지 않고 세월의 흔적이 쌓여가는 물건들이 생각보다 많다. 이사를 준비하면서 버릴 물건과 새집으로 가져갈 물건을 분리했다. 그동안 불필요한 물건들을 언젠가는 쓸 거라는 기대감으로 정리하지 못하고 조그마한 공간이 보이면 마구 쑤셔 넣었다. 그곳에 잠자고 있는 물건들의 쓰임을 깨우기로 마음먹었다.

중고 가격을 받고 팔 수 있는 물건, 무료 나눔을 할 물건, 버려야 할 물건들을 분류했다.

1. 버려야 할 물건

: 재활용이 되는 물건과 쓰레기봉투에 들어갈 물건으로 분류했고 미련 없이 그 물건들이 있어야 할 자리로 보내 버렸다.

2. 무료 나눔 물건들

: 당근 마켓에 올려두었다. 올리자마자 나눔이 끝나는 물건이 있기도 했고, 며칠이 소요되기는 했지만 나눔 물건들은 모두 필요한 사람들에게 전달되었다.

3. 마지막 가격을 책정해서 받을 수 있는 중고 물품들

사진을 찍어 당근 마켓에 올려 두었다. 예상 외로 나의 물건들은 인기가 좋았다. 1분 내로 판매가 되는 물건들이 있기도 했고, 여러 사람들의 문의를 받은 물건들도 있었다. 우리 집 창고 구석에 먼지만 쌓여가던 물건들이 돈이 되어 나의 손으로 들어왔다. 오락기, 냉풍기, 화장대, TV, 아이들 장난감 등 중고 물품을 판매해서 받은 대략적인 금액은 50만 원 정도였다.

20대부터 사용하던 10K. 14K. 18K 금액세서리들을 금은방에 팔았다. 한 쌍이었던 귀걸이지만 한쪽을 분실해 짝짝이가 되었던 귀걸이들. 줄이 끊어진 팔찌와 목걸이. 출산과 체중 증가로 작아진

반지들이 모여 있는 작은 상자 속에 들어 있던 금 액세서리를 정리했다. 어떤 종류의 금 액세서리가 있는 줄도 모를 정도로 잊고 살고 있었다.

이렇게 잠자고 있는 돈들이 깨어나기 시작했다. 14K,18K 금 액세서리는 금은방에 팔아도 돈이 얼마 되지 않는다는 생각에 팔 생각을 하지 못했었다. 있는 줄도 모르고 살아가고 있어서 금 액세서리를 잊어버려도 모를 정도로 관심을 두지 않았다. 잠자고 있는 돈을 이제는 일하게 해야겠다는 생각에 금은방으로 가서 가지고 있던 14K, 18K 금 액세서리를 판매했다. 금을 판매하고 얻은 수익은 생각 외로 많았다. 금 판매금액 총액은 175만 원이 조금 넘는 금액이었다.

매달 2만 원씩 자동 입금되는 아이들 청약 통장을 해지했다.

미성년자 청약 통장 인정 시점에 관해서 언급하고자 한다.

미성년자 이전에 납입한 회차는 24회까지만 인정한다. 어릴 때부터 청약에 가입했다고 유리한 게 아니다. 만 17세에 가입하는 것이 제일 효율적(현재 부동산 정책으로서는)이다. 국민주택에서는 1회 납입 금액을 월 10만 원까지만 인정한다. 월 10만 원씩 납부하는 게 효율적(청약통장의 기능만을 생각한다면) 청약 통장은 얼마나 오래 가지고 있었는지에 따라 점수를 더 많이 준다. 최장 15년에 최고 가점 17점이다.

아이들 청약 통장은 만 17세가 되면 매달 10만 원씩 새로 가입해주기로 했다. 아이들 용돈 통장으로 생각해 청약 통장을 만들었지만 청약 인정 시점도 만 17세다. 소소한 아이들 용돈이 좀 더 일을 할 수 있도록 해주고 싶었다. 그래서 매달 청약 통장이 아닌 주식 통장으로 아이들 용돈과 청약 통장에 입금하던 2만 원을 입금하기 시작했다.

2년 정도 보유하고 있던 아이들 청약 통장 해지금으로 국내 주식 삼성전자 우 주식과 해외 주식 디즈니, 애플, 마이크로소프트 소수점 주식 매수를 했다. 주식시장은 아무도 예측할 수 없지만 가격 변동폭이 높지 않고, 자본금과 매출, 부채 비율이 안전한 우량 주식 위주로 매수했다. 단기 주식투자가 아닌 장기 주식투자로 시작했다.

주식은 분기 별 배당금이 지급되기도 한다. 주식 보유 수가 늘어나고. 아이들이 보유하고 있는 주식회사들이 매출 이익을 많이 달성할수록 배당금의 금액도 증가한다. 2분기 아이들 국내 주식 배당금은 37,000원 정도였고 3분기는 지금보다 2배 정도의 배당금을 받을 수 있을 듯하다.

해외 주식 역시 소량의 배당금이 입금되었다. 집에 쓸모없는 물건들을 정리하고 생긴 돈으로 아이들의 주식을 매수했고, 잠자고 있던 금 액세서리를 판매한 금액 일부로 아이들 주식을 매수했다.

잠자고 있던 돈들을 깨워 스스로 일하게 해라.

아이들 주식 수익률은 플러스를 유지하고 있다. 10년 뒤, 20년 뒤 아이들의 주식은 쉬지 않고 일을 할 것이다.

아이들 용돈, 쓰지 않는 물건의 판매대금, 아동 수당 등 아이들에게 발생하는 소득(?)의 일정 금액을 아이들 주식 매수 대금으로 사용하고 있다. 나의 주머니에서 나가는 돈이 아닌 아이들 주머니로 들어오는 돈의 일부를 가지고 주식을 시작했다. 나는 여전히 보수적 투자를 선호하고 있다. 소소하게 재테크를 시작했던 나에게 공격적인 투자는 어울리지 않는다. 돈을 버는 투자도 중요하지만 돈을 잃지 않는 투자도 중요하다.

아이들에게 주식을 매수할 때마다 어느 회사 주식을 얼만큼 샀는지 이야기해준다. 주식에 대한 확실한 이해를 하지 못하고 있는 아이들이지만 매수한 주식이 플러스인지, 마이너스인지 이야기를 해준다.

"너희들이 장난감 사고 과자 사 먹으면 사라졌을 돈이 스스로 일을 해서 이 만큼의 수익을 냈어!"

"빨간색은 돈을 번 것이고, 파란색은 돈을 잃은 거야!"

"돈을 잃었다고 걱정할 필요는 없어. 너희가 스무살이 될 때쯤이면 많은 돈을 벌어 놓았을 거야!"

내가 이런 이야기를 하면 아이들은 고개를 끄덕인다. 꾸준히 아이들에게 돈에 대한 이야기를 해줄 생각이다. 소소하게 잠자고 있는 돈을 깨워 스스로 일하게 할 수 있는 방법들을 아이들과 함께 공부하고 이야기하면서 돈에 대한 올바른 생각을 가질 수 있게 해주고 싶다.

돈을 어떻게 잘 관리하는 것도 재테크를 잘하는 방법이다.

지출 관리 재테크

아이들을 어린이집에 보내고 여유롭게 커피 한 잔을 즐기고 있
는 나만의 꿀맛 같은 시간에 친한 친구에게 오랜 만에 전화가 왔다

"잘 지내지? 오랜만이야!"

"그래, 너도 잘 지내지? 애들 키운다고 연락도 못하고 지냈다!"

"요즘 뭐하고 지내?"

"나는 애들 키우고 그냥 집에서 애들 보고 있지 뭐. 넌?"

"나 저번 달부터 일 시작했어!"

"정말? 우리 나이에 취업하기 힘든데 축하해!"

오랜만에 친구에게 전화가 왔다. 일을 시작한 친구는 회사 동료
들과 점심을 먹고 난 뒤 시간이 남아 나에게 전화를 했다고 한다.

이런저런 이야기를 하고 친구는 다시 일을 하러 사무실로 들어가야 한다고 다음에 통화를 하기로 하고 전화를 끊었다. 분명 나는 친구의 취업을 축하해 주었는데……. 알 수 없는 이 마음은 뭐지?

매일 아이들 사진으로만 되어 있던 친구의 카카오톡 프로필은 긴 머리에 굵은 웨이브를 넣은 친구의 사진으로 변해 있었다. 일을 시작하면서 친구는 다시 화장도 하고 자신을 단장하고 있었다. 일주일 내내 늘어진 롱티셔츠에 레깅스를 입고 하나로 질끈 묶은 머리 스타일을 고집하는 나와는 달리 친구는 세련된 커리어 우먼이 되어 있었다.

외벌이 남편의 월급으로 한 달 생활비 100만 원(고정지출 비제외)으로 아등바등 살아가는 내가 잠깐 초라하다는 생각이 들었다.

'나한테는 비밀 통장이 있잖아!'

친구처럼 예쁜 머리에 예쁜 가방을 메고 예쁜 옷을 입고 당당한 커리어 우먼처럼 회사를 출근하지는 못하지만, 나에게는 신혼 초부터 차곡차곡 모아왔던 비밀 통장이 있다는 생각에 초라해 보였던 내 모습에 당당함이 생겨나기 시작했다.

친구는 회사를 다니기 위해 아이들을 학원에 보내야 하고, 집에만 있는 엄마와는 달리 회사에 출근하기 위해 서는 미용실도 다녀야 하고, 입고 나갈 옷도 몇 벌 사야 하고, 가방, 신발, 차비 등 일을 시작하면서 지출되어야 하는 돈이 늘어났다. 전업주부이기에 엄마이기에 할 수 있는 지출 관리 재테크를 시작했다.

매달 숨만 쉬어도 나가는 고정지출비(보험, 통신비 등) 를 제외하고 우리 집 생활비(변동 가능한 지출)는 100만 원이다.

식비 : 50만 원

아이들 학습지 : 15만 원

어린이집 특활비 : 20만 원

아이들 간식비 : 5만 원

의류비 : 10만 원

100만 원 생활비에서 50%를 차지하는 것이 식비였다. 나는 한 달 식비를 25만 원으로 줄일 수 있는 방법을 생각했다. 매번 대형마트에 직접 가서 보던 장을 온라인 대형마트에서 장을 보는 것으로 바꿨다. 마트에 직접 가서 장을 보게 되면 매번 불필요한 제품을 구입하게 되고 그 날 정해놓은 금액보다 더 많은 금액을 지출하게 된다. 하지만 온라인마트에서 장을 보면 꼭 필요한 제품을 구매하게 되고, 결제하기 전 한 번 더 장바구니에서 불필요하다고 생각하는 제품을 삭제할 수 있고, 각종 카드 할인과 쿠폰으로 오프라인 매장보다 더 저렴하게 구입할 수 있다.

무엇보다 대형마트엔 가기 위해 준비하는 시간과 장을 보는 시간을 절약할 수 있고, 그 절약되는 시간에 책을 볼 수도 있고 블로그에 글을 쓸 수도 있었다.

엄마의 욕심으로 시작한 학습지를 하지 않기로 했다. 어린이집에서 배우는 한글과 수학으로도 초등학교 입학 시 충분할 것 같다는 생각이 들어서 아이들에게 학습지 수업은 필요 없다는 결론을 내렸다. 아이들 모두 동화책을 읽고, 글자를 쓰는데 문제가 없었고, 10까지의 덧셈, 뺄셈도 할 수 있는 것을 확인하고 학습지 선생님께 학습지를 중지하겠다는 말을 전했다. 아이들 학습지 비용 15만 원을 절약할 수 있게 되었다.

의류비 역시 50%를 줄이기로 했다. 매달 옷을 구매하는 것을 2달에 1번 3달에 1번씩으로 줄였고, 인터넷 최저가 검색으로 가족들 옷을 구매했다. 싼 게 비지떡이라는 말도 있지만 최대한 이월 상품 브랜드 옷 위주로 구입을 했었기에 좋은 상품의 옷을 저렴하게 구입할 수 있었다. 쿠폰 사용이 가능한 날은 더 저렴하게 옷을 구매할 수 있다.

부담스러운 가격의 겨울 외투는 봄이나 초여름에 브랜드 제품 세일을 할 때 한 치수 큰 제품을 미리 구매해 두었다가 다가오는 겨울에 입었다. 역 시즌에 의류를 구매할 때는 90%까지 세일 된 가격으로 살 수 있다.

아이들 브랜드 패딩 정가 29만 원 제품을 4만 9천 원에 구매해 지금까지 잘 입고 다닌다. 나 역시 역시즌 제품을 많이 이용한다.

아이들 졸업식이나 입학식 각종 모임에 입고 나갈 외출복으로 브랜드 울 코트는 35,000원, 여우털 머플러 패딩점퍼를 49,000원에 미리 구입해 놓는다. 모두 정가로 구입했다면 몇 십만 원 넘는 제품들이다. 조금만 손품을 판다면 저렴한 가격에 품질이 좋은 브랜드 의류를 구입할 수 있다.

돈이 없다고 궁색하게 입고 다니고 싶지 않았기에 최대한 유행에 민감하지 않은 디자인으로 선택해 저렴하게 구입했다.

식비 : 50만 원 → 30만 원

아이들 학습지 : 15만 원 → 0원

어린이집 특활비 : 20만 원 → 20만 원

아이들 간식비 : 5만 원 → 5만 원

의류비 : 10만 원 → 5만 원

생활비 : 100만 원 → 60만 원 = 40만 원 적금

한 달 생활비 중 절약할 수 있는 부분을 절약하고 나니 40만 원이라는 금액을 예금할 수 있었다. 우리 집 지출 관리 내역을 정리해서 절약할 수 있는 부분을 가계부에 적었다. 일하지 않고도 40만 원이라는 수익이 발생했다. 꼭 일을 해서 수익을 벌어야 수익이 아니다. 기존의 생활비나 나의 용돈에서 절약할 수 있는 부분을 절약해서 남게 되는 돈 역시 수익이다. 주부가 할 수 있는 지출 관리 재테크로 일하지 않고도 수익을 만들어낼 수 있는 똑똑한 재테크가 아닌가 생각한다.

똑똑한 지출을 하는 엄마는 가정 경제를 튼튼하게 만들어준다. 모든 기념일(생일, 결혼기념일, 밸런타인데이, 아이들 입학 선물, 졸업 선물) '무엇을 사줄까?' 라는 지인들의 질문에 무조건 현금으로 달라고 한다.

"아이들이 마음에 들어하는 걸로 직접 사주는 게 좋지 않을까요?"

말은 이렇게 하지만 아직 어린아이들은 브랜드도 잘 모르고 이월상품, 신상품도 잘 모른다. 모두 어른들이 보기에 이쁘고 고급진 신상품으로 선택을 해서 구입하게 된다. 아이들이 좋아하는 색상과 디자인을 직접 선택할 수 있게 해 주고 대부분 저렴한 이월 상품을 구매해 주지만 아이들은 자기가 직접 고른 가방에 더 애착을 가지고 좋아했다. 나 역시 모든 기념일에 현금을 받지만 기념일마다 필요했던 시계, 반지, 가방, 옷 등을 구매한다. 20만 원 상당의 시계는 이월 상품으로 4만 원에 구입하고 나머지 16만 원은 미래의 투자 비용으로 예금해 놓는다.

내가 만약 20만 원 시계를 구입한다면 16만 원이라는 돈은 사라지는 것이다. 신상품이 아니지만 이월 상품 중에도 충분히 예쁘고 고급스러운 시계들이 많이 있다. 회사에 나가서 나의 노동의 대가로 돈을 받는 것만이 돈을 버는 것이 아니라 기존의 나의 지출을 관리함으로써 발생하는 수익 역시 돈을 버는 것이다.

일을 시작한 친구에게 가끔 전화가 오면 친구는 이런 이야기를 한다.

"일을 할 때나 안 할 때나 예금할 돈이 없는 것은 똑같아!"

친구는 직장에서 나는 집에서 각자의 방식대로 수익을 내고 있었다. 친구한테는 명품 가방이 있지만, 나에게는 이월 상품인 브랜드 가방이 있고, 친구는 매달 미용실과 네일샵을 찾지만, 나는 샵에 자주 가지 않기에 건강한 모발을 가지고 있다.

무엇보다 나에게는 비밀 통장이 있다.

먼지 쌓인 물건의 소소한 수익

대부분의 사람들이 계절이 바뀔 때마다 대청소를 한다. 그동안 쌓였던 묵은 때를 벗겨내고 새로 시작하는 계절에는 더 좋은 일들이 생기길 바라는 소박한 바람으로 대청소를 시작한다.

구석구석 쌓인 먼지들만큼이나 부부의 옷장, 아이들 옷장, 아이들 장난감 등 안 쓰는 물건들로 각자의 자리도 없이 뒤엉켜 어디에 뭐가 있는지 알 수 없을 때가 많다. 하루아침에 끝날 청소가 아니란 걸 직감하고 제일 심각한 순서대로 청소의 순서를 정한다.

1. 아이들 장난감 정리

2. 아이들 옷장 정리

3. 부부 옷장 정리

4. 부엌 그릇 정리

5. 전체적으로 정리

순서를 정하고 일주일 동안 대청소는 시작된다. 이런 대청소는 나의 또 다른 수익의 발생 시점이기도 하다. 아이들이 커서 사용하지 않는 장난감들을 지역 맘 카페나 중고카페, 당근 마켓 등에 올려서 판매한다. 아이들 장난감들은 유행에 민감한 제품들이 많아서 중고 가격을 책정하기가 민감할 때가 있다. 구입한 가격이 아까워서 터무니 없이 높은 가격을 책정해 판매를 하면 중고 장난감은 팔리지 않을 확률이 높다. 장난감 상태도 좋고 가격도 저렴해야 금방 판매를 할 수 있다. 장난감을 중고 제품으로 판매하기 위해서는 제일 먼저 장난감의 상태부터 확인을 해야 한다. 변신 로봇 같은 경우는 부러진 곳은 없는지, 변신하는데 문제가 없는지, 처음 구입할 때 포함되어 있던 부속품들이 모두 있는지 확인한 다음 판매 가능한 제품이라고 생각이 들면 항균 물티슈로 깨끗이 닦아 놓는다.

여자아이들 장난감 역시 인형들의 머리카락 상태, 드레스의 상태, 액세서리 유무 등 확인이 끝난 뒤 깨끗이 세척을 하거나 항균 물티슈로 닦아 놓는다. 장난감의 상태나 부속품 유무를 확인하고 세척까지 완료했다면 장난감 시세를 조사해 본다. 맘 카페나 중고 카페에서 같은 제품이나 비슷한 제품으로 검색해보면 어떤 가격

대에 장난감이 잘 판매되고 있는지 확인할 수 있다. 그런 다음 가격을 책정하면 된다. 가격 책정이 끝났다면 맘 카페, 중고카페, 당근 마켓 등 가능한 많은 곳에 판매하고자 하는 중고 장난감을 올려놓는다. 많은 곳에 올려놓으면 그만큼 많은 사람들이 볼 수 있어서 판매될 확률도 높아진다. 그렇게 오래되고 사용하지 않는 아이들 장난감을 맘 카페나 중고 사이트에 올려놓으면 거의 80%는 판매가 된다. 장난감을 정리하면서 아이들 방은 넓고 깨끗해지고, 소소한 수익까지 발생한다.

두 번째로 아이들 옷장 정리를 시작한다. 아이들이 크면서 작아진 옷, 작지는 않지만 아이들 취향에 맞지 않는다고 입지 않는 옷 등 상태 좋은 브랜드 옷 위주로 분류해 놓는다. 아이들 옷은 아무리 비싼 옷이라도 유행이 지났고 해진 옷은 판매가 잘 되지 않는다. 내가 만약 아이 옷을 중고로 구매할 때를 생각해서 이 정도의 제품이라면 구입하겠다는 생각이 드는 옷들만 판매한다. 그리고 나머지 옷들은 상태 좋은 옷을 구매하는 구매자에게 필요하면 서비스로 드린다고 판매글에 적어 놓는다. 아이들 옷은 외투나 여자아이 원피스가 잘 판매된다. 친구 딸아이가 레이스 원피스를 너무 좋아한다는 말을 듣고 우리 딸 원피스와 작아진 옷들을 친구 딸에게 주기도 했다.

세 번째로 부부 옷장 정리이다. 출산하고 불어난 체중으로 인해 작아진 옷들을 언젠가는 입을 거라는 기약 없는 그 날을 위해 버리지 못했다. 옷들을 과감히 정리하기로 마음먹었다. 아이들의 브랜드 제품 외투는 중고 제품이라도 상태가 좋으면 잘 판매되는 편이다. 하지만 어른들 옷은 명품 브랜드가 아닌 이상 중고 제품은 잘 판매되지 않는다. 그렇기에 묶음 판매 전략으로 판매를 하기로 했다.

청바지 | 7장 15,000원

맨투맨T | 5장 7,000원

야상 5,000원

원피스 5,000원

대부분의 성인 옷들은 장 당 판매 가격이 5,000원을 넘으면 잘 판매가 되지 않는다. 정말 예쁜 디자인의 옷이라면 비싼 가격에도 판매될 수도 있지만. 무난한 옷들이 대부분이었고 비싼 브랜드의 옷보다는 중저가의 브랜드 옷이 대부분인 나의 옷장이다.

대청소를 하고 정리를 하다 보면 주머니 속에 동전들과 5,000원짜리 지폐들이 간혹 나오기도 한다. 그리고 생각지도 못한 거물을 발견하기도 한다.

남편이 20대 때 하고 다녔던 은 목걸이가 산화되어 시커먼 모습으로, 누구도 은이라고 생각하지 않은 상태를 하고 있는 채로 발견했다.

때마침 그 당시 'Show me the money'라는 힙합 프로그램이 유행하던 시절이라 딱 힙합을 좋아하는 힙합인들이 하고 다니는 그런 굵은 사슬 은 목걸이었다. 치약으로 깨끗이 은 목걸이를 세척하니 반짝반짝 은 목걸이 모습으로 돌아왔다. 예쁜 케이스 상자에 넣어 사진을 찍어 중고 사이트에 7만 원이라는 가격으로 올려놓았다. 중고 사이트에 비슷한 상태의 은 목걸이 시세를 확인해 보니 7~8만 원 선에서 거래되고 있었다. 중고 사이트에 올려놓은 지 30분도 되지 않아서 연락이 왔고 바로 7만 원에 판매가 되었다.

먼지 속에서 잊혀 질 뻔했던 물건들이 필요한 사람들에게 판매되면서 나에게는 수익이 발생했고 물건을 구입한 사람들은 저렴한 금액에 필요한 물건을 구입할 수 있었다.

"그렇게 푼돈 벌어서 얼마 번다고?"

"세척하고, 사진 찍고, 인터넷에 올리고, 포장하고, 택배 보내고……. 차라리 그 시간에 다른 일을 하겠다!"

"그렇게 비싸게 주고 그 가격에 판다고? 아깝다!"

몰라서 하는 말이다. 어차피 사용하지 않는 물건인데 구입 금액이 무슨 의미가 있을까? 우리 집에 있으면 먼지 속에서 쓰레기가 될 물건들이 필요한 누군가에게 간다면 자기의 역할을 톡톡히 할 수 있고, 나는 소소한 수익이 발생하면서 나의 비밀 통장의 수익도 늘어날 수 있다. 이렇게 1년 동안 중고 제품으로 판매된 금액을 어림잡아 계산해 보면 200만 원이 조금 넘는다. 먼지 속에 묻혀버릴 뻔한 제품들이 나의 비밀 통장 잔고의 동그라미 숫자를 늘려 주었다. 하나하나 보면 그 돈 벌어 언제 종잣돈을 모아서 부동산 재테크를 하겠냐는 생각을 할 수 있다.

하지만 아무것도 안 하고 한방에 들어오는 수익을 생각하며 확실하지 않은 미래를 기다리는 것보다, 소소한 수익이지만 차곡차곡 시간의 힘을 빌려 통장 속에 잔고를 채우다 보면 어느 순간 비밀 통장에 첫 투자를 위한 종잣돈이 만들어지는 기적을 경험할 수 있다.

꾸준함과 시간의 힘을 믿어보자.

명절 용돈 재테크

결혼과 동시에 집안의 제사나 명절을 우리 집에서 모시게 되었다. 시아버지께서는 장남이시고 남편은 외동아들이다 보니 어차피 남편이 제사와 모든 집안 행사를 도맡아해야 된다는 어른들의 생각에 결혼과 동시에 모든 집안 행사는 우리 집에서 이루어졌다.

결혼을 하고 첫 설 명절을 맞이하던 날 아침. 새벽 6시에 일어나 꽃단장을 하고 한복으로 갈아입은 뒤 거실과 주방을 간단히 청소를 하고 차례 지낼 준비를 했다. 과일을 씻고, 각종 식기류들을 정리하고, 차례상에 올릴 재기그릇도 깨끗이 닦아 놓았다. 그렇게 시간이 지나면서 하나둘 친척 분들이 우리 집으로 오셨고, 결혼 후 첫 나의 차례상 준비를 성공적으로 마쳤다. 그렇게 밥을 먹고 어른들께 세배하는 시간이 되어 나 역시 남편과 친척 어른들께 세배를 했다. 세배를 하고 나니 친척 분들께서 세뱃돈을 나에게 주셨다. 성인이 되고 나서 처음 받아 보는 세뱃돈이었다.

설거지와 모든 뒷정리가 끝난 뒤 시어머니께서 수고했다고 봉투 하나를 나의 앞치마에 넣어 주셨다. 나는 방으로 들어가 세뱃돈과 시어머니께서 주신 봉투의 금액을 모두 확인해보니 40만 원 정도 되는 금액이었다. 세뱃돈 역시 고스란히 나의 통장으로 입금되었다. 그렇게 10년이 라는 결혼생활 동안 추석은 시어머니께서 음식 준비하고 뒷정리하는 것에 대해 수고했다는 의미로 매년 20만 원을 주셨다.

설날은 아이들이 태어나기 전까지는 세뱃돈으로 받고 아이들이 태어나고 난 뒤 나는 더 이상 세뱃돈을 받지 못했다. 아이들이 대신 세뱃돈을 받았다. 추석과 설날에 받은 세뱃돈을 합치면 60만 원 정도가 된다. 나는 그 돈을 모두 나의 비밀 통장으로 입금했다.

명절이 되면 우리 집으로 친척 분들이 오시기 때문에 선물세트 역시 많이 들어온다. 참치세트부터 스팸세트, 치약 비누세트, 커피 선물세트 등 다양한 선물들이 들어온다. 추석, 설날 두 번의 명절 동안 많은 선물세트가 들어오면 식용유나 참치, 스팸은 식품이다 보니 보관상 변질될 우려도 있고 해서 우리가 먹을 수 있는 만큼만 보관하고 나머지는 맘 카페나 중고 사이트에 판매한다.

참치, 스팸, 식용유를 직접 마트에서 구매해서 먹는 사람들이 많이 있기에 시중가 보다 저렴하게 판매하면 선물세트는 거의 100% 판매가 완료된다. 그렇게 나는 넘쳐나는 선물세트 중 일부를 판매하고 받은 수익을 바로 비밀 통장으로 입금한다. 명절 선물로 제일 좋아하는 상품권 역시 바로 사용할 곳이 없다면 현금으로 교환해서 비밀 통장으로 입금한다. 근처 상품권 교환소가 없다면 모바일 앱을 이용해서 교환이 가능하다.

먼저 SSG PAY 앱을 다운 받는다.

신세계 상품권을 등록한 다음 가까운 CU, GS25, 세븐 일레븐, 이마트 24 ATM기에서 현금으로 인출할 수 있다.

추석, 설날 동안 받은 상품권은 많게 는 80만 원까지 입금했던 적이 있다. 매번 이렇게 많은 금액을 입금할 수는 없지만 보통 평균적으로 50만 원 정도는 비밀통장에 입금을 한다. 세뱃돈을 받거나 공돈이 생기면 그 동안 하고 싶었는데 하지 못했던 일이나, 사고 싶었는데 사지 못했던 것에 돈을 사용하게 되는 경우가 많다. 나 역시도 그동안 사고 싶고, 하고 싶은 일에 명절 용돈을 쓰고 싶은 마음이 앞섰지만 미래의 나를 위해서 참았다. 하고 싶은 거 다 하고, 먹고 싶은 거 다 먹으면서 월급쟁이 가정 에서 돈을 모을 수는 없다. 남보다 덜 쓰고, 덜 먹고, 덜 욕심을 부려야 남 들보다 먼저 은행 집이 아닌 나의 집을 마련하고, 나의 점포를 마련하고, 나의 건물을 가질 수 있다.

그렇다고 자린고비처럼 굴비 하나 천장에 걸어놓고 밥을 먹는 그런 절약을 하라는 것은 아니다. 조금만 발품과 손품을 팔면 저렴한 식재료를 구입할 수 있고, 저렴한 의류를 구입할 수 있다.

나는 어릴 적부터 식탐이 매우 강한 아이였다. 그래서 그런지 먹는 것 만큼은 제대로 먹어야 하기에 처음 우리 집 생활비에서 반을 차지했던 것도 식비였다. 같은 제품을 저렴하게 구입하는 방법을 찾게 된 이유도 먹는 것만큼은 궁색하게 먹기 싫어서였다. 가끔 시댁 찬스와 친정 찬스를 이용할 수 있는 것도 식비를 절약할 수 있는 좋은 방법이다.

누구에게는 명절이 다가오는 것이 스트레스일 수도 있지만 나에게 명절은 용돈 받는 날, 나의 비밀 통장에 잔고가 늘어나는 날이라고 생각하니 그 흔한 명절 증후군도 나에게는 오지 않는다.

익숙함에서 벗어나는 지혜

대부분의 사람들은 익숙한 것에서 벗어나기를 두려워한다.

식당도 익숙한 단골집을 선호하고, 사람도 오래 알고 지낸 사람이 좋고, 새 그릇 보다는 헌 그릇이 익숙해서 매번 헌 그릇에 음식을 담아내고, 새로 산 외투보다 익숙하게 입고 다니던 옷이 먼저 손에 잡힌다. 익숙함을 버리기는 쉬운 일이 아니다.

몇 년 전 일이었다.

주말에 아이들을 데리고 시댁에 놀려 갔는데 시아버지께서 TV를 껐다 켰다를 반복하고, 코드를 뽑아도 보고 다시 꼽기도 하면서 우리가 왔는지도 모르시는 듯 tv와 사투를 벌이고 계셨다.

"어머니, 아버님 뭐하세요?"

"아침부터 테레비가 나오지 않아서 저러고 계신다."

시아버지는 TV가 갑자기 나오지 않아서 몇 시간째 tv와 사투를 벌이고 계셨다.

주말이라 서비스센터 직원들도 근무를 하지 않았고, 매주 일요일마다 즐겨 보시는 동물농장이란 프로그램을 시청하시고 싶으신 마음에 어떻게든 TV를 고쳐야 겠다는 생각에 몇 시간째 이러고 계셨다고 한다.

"인터넷 TV는 어디 보세요?"

"○○인데 한 10년은 넘게 본 거 같은데?"

"네? 10년이나 보셨어요? 어머니 핸드폰 통신사가 어디세요?"

"○○이야. 왜?"

나는 시어머니께 핸드폰 통신사와 같은 업체의 인터넷과 tv를 바꾸시라고 말씀드렸지만 시어머니는 '10년 넘게 썼는데 그냥 쓰지 뭐하러 바꿔?' 라는 말을 하셨고 우리는 그냥 쓰던 거 쓰는 게 편하다고 말씀하셨다.

젊은 세대들 보다 나이가 드신 분들은 익숙한 것을 변화하기가 더욱 어렵다. 익숙한 것을 뛰어넘을 획기적인 설득력이 없으면 대부분의 사람들은 그냥그냥 현재의 익숙함에서 벗어나려고 하지 않는다.

나는 핸드폰으로 인터넷과 TV를 변경 시 쏟아지는 혜택과 지금과 비슷하거나 저렴해 진 비용으로 더 많은 현대 문물의 기능을 사용할 수 있는 방법들을 시부모님께 말씀해드렸다.

1. 핸드폰과 같은 업체로 인터넷과 TV를 변경 시

시부모 님의 핸드폰 요금이 매달 5,000~7,000원 할인

2. 인터넷과 tv를 변경 시 각종 사은품과 현금 or 상품권 증정

3. 무료영화, 동시 상영 영화(유료), 다시보기 기능, 지금보다 2~3배의 tv채널 증가 등 디지털 시대에 누릴 수 있는 혜택 설명

4. 집에서는 무료 wifi로 스마트폰 인터넷을 무제한으로 사용하고, 유튜브도 마음껏 볼 수 있다고 설명해 드림

인터넷과 TV업체를 변경하면 지금보다 더 좋은 혜택으로 사은품도 받을 수 있고 더 많은 서비스를 받을 수 있다는 이야기를 해드렸다.

"공짜가 어디있니? 그런 비싼 사은품을 주고 현금을 주는 것은 다 이유가 있어!"

맞는 말이다.

세상에는 공짜가 없다.

3년이란 기간 동안 인터넷과 TV 서비스를 이용해야 하고, 중간에 해약하면 해약금 역시 발생한다.

하지만 이제껏 한 번도 변경 없이 같은 제품을 10년 이상 써오신 분들이 해약금에 대한 걱정을 하시고 계신다는 것은 새로운 것을 받아들이는 것에 익숙하지 않아서였다. 혹시나 하는 생각이 더 좋은 혜택을 누릴 수 있는 것을 방해하고 있는 것이다.

나는 우리가 사용하고 있는 인터넷 요금과 TV요금, 핸드폰 요금에 관해서 시부모님께 설명해 드렸다.

내가 직접 사용하고 있고 아무 문제없이 더 좋은 혜택으로 사용하고 있다는 것을 직접 확인시켜 드려야 그나마 안심을 하실 것 같았다.

기존 인터넷과 TV요금을 변경하면서 업체로 부터 3년 동안 서비스를 이용하는 조건으로 상품권 25만 원을 받았고, 귀여운 스피커도 서비스로 받았다.

인터넷과 TV, 핸드폰 통신사가 모두 같은 회사라 가족 결합 할인을 받았고 매달 인터넷 요금에서 5,000원 할인 남편과 나의 핸드폰요금에서 5,000~7,000원이 할인된다.

남편은 데이터 무제한 요금제를 사용하면서 월 핸드폰 통신비가 39,000원정도 지출되고, 나의 통신비는 13,000원 정도가 지출된다.

나의 통신비는 나의 생활 라이프에 맞게 선택했다. 한 달 동안 통신사 광고 시청을 하면 할인되는 이벤트를 신청해서 매달 500원~2,000원정도의 추가 요금할인도 받고 있다.

통화료는 일정 데이터만을 선택해서 요금제를 선택했고 집에서는 충분히 WIFI로 데이터를 무제한으로 사용했고, 외출 시에는 급한 것만 검색을 하고, 한 달에 정해진 데이터를 모두 사용해 버리면 남편에게 데이터를 선물 받아 사용한다.

요즘은 식비만큼이나 많이 사용되는 금액이 통신비라고 한다. 가족마다 스마트폰을 모두 가지고 있고 데이터 무제한 요금제를 사용하게 되면 한 달 4인 가족 핸드폰 요금은 20만 원으로 고정지출비가 된다. 시부모님께서도 한 달 통신비로 13만 원 정도를 지출하고 계셨다. 우리 집 인터넷과 TV 핸드폰 통신비 내역을 자세히 설명해드리고 난 뒤 시부모님은 10년 동안 써오시던 인터넷과 tv를 변경하셨다.

매달 지출되는 통신비는 8만 원으로 절약할 수 있었다. 저렴한 금액으로 다양한 TV프로그램을 시청할 수 있게 되었고, 기존보다 더 많은 서비스를 누릴 수 있게 되었다고 상품권을 나에게 주셨다.

지금은 시부모님께서 약정이 지난 서비스들을 체크해서 기존 서비스를 그대로 유지하는 쪽과 변경하는 쪽의 이점을 비교하시면서 받을 수 있는 최고의 서비스를 누리고 계신다.

익숙함에서 벗어나 새로운 것을 받아들임으로써 매달 고정비로 지출되는 통신비가 줄고 제공받는 서비스도 좋아지는 생활 속에서 찾은 소소한 재테크가 오늘도 나의 비밀 통장의 잔고를 늘려주고 있다.

블로그로 '나'를 브랜딩 하다

아이들이 집으로 돌아올 시간. 나만의 시간이 멈춰버리는 신데렐라와 같은 삶을 살고 있다.

아이들이 없는 시간. 블로그로 '나'를 브랜딩 하기로 했다.

블로그는 나의 일상을 적는 일기장 같은 곳이다. 블로그를 만들고자 했던 시기가 '공인중개사를 취득하고 현장에서 일을 할 것인가?' '아직 어린아이들과 집에서 보낼 것인가?'를 두고 고민했던 시기이기도 했다.

집에서 아이들과 시간을 보내면서 할 수 있는 재테크를 위해서 블로그를 선택했다. 매일 부동산 공부와 재테크 공부 내용을 블로그에 포스팅 하면서 나만의 색깔이 있는 블로그를 만들었다.

처음 나의 블로그 이름은 '하민맘의 부동산 이야기'였다. 공인중개사 자격증을 취득하고 시작한 블로그이다 보니 자연스럽게 부동산 관련 지식들을 주로 블로그에 포스팅했고, 그렇게 나의 이웃들 역시 부동산 관련 직종 이웃과 부동산에 관심이 있는 이웃들이 대부분이었다.

블로그를 시작하면서 알게 된 사실은 세상에는 정말 똑똑하고 능력 있는 사람이 많다는 것이었다.

'나는 이렇게 할 것이다.'라고 생각한 것들이 이미 누군가는 실행했고 결과를 낸 사람들도 있었다.

최초일 거라고 생각한 것들이 누군가에 의해서 벌써 결과가 나와 있는 것을 볼 때는 감정의 소용돌이에 휩싸여 멍하니 하루를 흘려 보낸 적도 많았다.

나만의 특색 있는 블로그를 만들고 싶었던 바램은 '하민맘'이라는 이름으로 활동하는 블로거 그 이하도 그 이상도 되지 않는 평범한 블로거였지만 일단 그냥 열심히 해보기로 했다.

처음 생각했던 블로그의 시작은 아니었지만 꾸준히 사람들이 궁금해하는 정보를 포스팅 한다면 나만의 블로그로 성장할 수 있을 거라는 작은 기대를 안고 1일 3포스팅으로 꾸준히 블로그를 키위 나갔다.

그렇게 블로그를 시작한 지 2달 정도의 시간이 지나고 난 뒤 일 방문자 수는 평균 1,200명 정도가 되었고 이웃 수도 1,000명이 넘어갔다.

그렇게 방문자 수와 이웃 수가 늘어남에 따라 메일이나 쪽지로 상품 리뷰 작성 요청이 오기 시작했다. 처음에는 메일과 쪽지로 오는 것은 모두 스팸이라고 생각해서 보지 않고 삭제 해버렸다.

그러던 어느날 이웃들의 블로그를 보니 많은 사람들이 상품리뷰 작성을 하고 있었고, 블로그 포스팅으로 소소한 수익을 가져갈 수 있다는 것을 알았다.

블로그 제품 리뷰를 시작하면서 아이들을 위한 영양제와 남편의 영양제 제품을 신청했다. 제품 리뷰는 생활비 절약에 도움을 주기도 했다.

제품 리뷰를 신청할 수 있는 많은 사이트들이 있다. 레뷰, 리뷰플레이스, 누구나 광고왕 등에서 제품 리뷰를 신청하고 선정되면 제품 가이드에 맞게 제품을 사용하고 블로그에 리뷰를 작성했다.

제품을 사용하지 않고도 원고만 받아 작성하는 원고 작성 방법이 있는데 이 방법은 블로그 지수를 낮게 하는 원인이 되기도 한다는 이야기를 듣고 하지 않았다.

하루 평균 3통 이상의 블로그 포스팅 관련 문자를 받고 있다. 처음에는 '원고료 금액도 괜찮고 정식 등록업체'라는 말에 한번 해볼까?'라는 생각도 했다.

하지만 직접 체험해 보지 않은 제품을 사용한 것처럼 그대로 원고만 보고 올리는 것은 나의 블로그 이웃들에게 거짓 정보를 전달할 수도 있다는 생각에 하지 않기로 했다.

블로그 체험단을 하면서 한 달에 대략 50만 원 상당의 제품을 리뷰했다.

직접적인 현금 수익이 아니지만 필요한 제품을 구매하지 않고 블로그에 상품을 리뷰하면서 받을 수 있기에 한달 생활비를 절약할 수 있었다. 블로그 제품 리뷰는 또 다른 소소한 수익을 얻을 수 있는 수입처가 되었다. 블로그 수익 발생은 블로그 체험단뿐만 아니라 애드포스트 광고비도 매달 정산되어 통장으로 들어온다.

애드포스트 수익으로 2만~4만 원 정도의 수익이 매달 통장으로 입금되었다. 적은 금액이라고 생각할 수도 있지만 푼돈의 위력을 경험한 나로서는 이런 작은 수익조차 무시할 수가 없다.

'쿠팡 파트너스'라는 배너를 블로그에 설치하고 배너를 통해 쿠팡에서 제품을 구매하게 되면 그 수익의 일정 부분이 나의 수익으로 정산되어 수익이 발생하면 통장으로 입금된다. 쿠팡 파트너스 입금은 19,000원 정도 수익이 발생했다.

블로그의 또 다른 수익원은 책 서평과 출판사 서포터즈 활동으로 받는 소정의 활동비이다.

읽고 싶었던 책을 서평단 신청으로 읽고 리뷰를 작성하고, 출판사 서포터즈로 활동하면서 책과 소정의 활동비를 받을 수 있다. 한 달에 책 서평단과 출판사 서포터즈 활동으로 읽는 책은 대략 10권 정도다.

책 가격을 현금으로 환산한다면 18,000원~28,000원 정도다. 대략 2만 원으로 계산을 한다면 20만 원 상당의 책 구입비가 절약되고 소정의 활동비까지 포함하면 수익 금액은 더 높다.

이렇게 제품 리뷰 활동을 할 수 있는 것도, 도서 서평단, 출판사 서포터즈 활동을 할 수 있는 것 모두 블로그를 운영하고 있기에 가능한 일이다. 자기만의 색깔이 있는 블로그를 만들어 가다 보면 소소하지만 확실한 수익이 발생한다.

블로그에 요리하는 과정을 상세히 올려 요리 책을 내자는 출판사의 제안을 받는 블로거도 있고, 절약하는 내용을 매일 블로그에 올리면서 그 내용으로 책을 내기도 한 이웃 블로거들을 보았다. 자신의 재능을 블로그에 풀어 낸 내용들은 많은 사람들의 공감을 불러 일으켰고 책 출간이라는 기회를 마주할 수 있었다.

파워 블로거들은 많은 인플루언서 활동으로 일반 직장인 월급 부럽지 않은 수익을 내고 있다.

그들은 오랜 시간 동안 블로그를 운영해 왔다. 처음부터 그들처럼 될 수 있는 것은 아니다. 하지만 꾸준히 좋은 글을 블로그에 포스팅 한다면 그들과 같은 삶의 궤도 안으로 들어갈 수 있지 않을까.

집에서 무엇을 할까?

고민하는 전업주부라면 지금 당장 SNS를 시작하라고 말해 주고 싶다.

최선을 다해도 일이 잘 안 될 수 있다. 모든 꿈이 다 이루어지지 않는다는 것도 세상을 살아오며 경험했다. 그렇다고 아무것도 하지 않는 삶을 살고 싶지는 않았다. 뭐라도 해야 무슨 일이라도 일어나니깐.

일단 해보기로 했다

A는 주위에 많은 사람들이 주식을 시작해 돈을 벌었다는 소식을 들었다. 불안한 투자는 적성에 맞지 않은 A는 관심 조차 두지 않았다. 일해서 번 돈으로 청약저축예금과 일정 금액 은행에 적금을 넣는 것 외에는 별다른 재테크를 하고 있지 않았다. A가 불안해진 것은 A가 거주하는 지역에 아파트 값이 한 달 새 몇 억 씩 올라가면서부터이다. 이대로 가다가는 내 집 마련 꿈은 점점 멀어질 것만 같은 불안감이 밀려왔다. 그때부터 A는 청약 공부를 시작했다. 거주지역 새로운 분양 아파트를 조사했고, 미래의 발전 가능성과 현재 직장과의 거리 아이들의 교육 문제 등을 종합해 적당한 신규 분양 아파트에 청약을 넣기 시작했다. 특별 분양에 대한 공부

도 놓치지 않고 중소기업에 오랫동안 근무한 이력을 가지고 특별 분양신청을 하기도 했다. 하지만 결과는 좋지 않았다. 집을 필요로 하는 높은 청약 점수를 가진 사람들에게 번번이 밀렸고, 간혹 예비 당첨자 문자를 받았 지만 A의 순번까지 돌아오지 않았다. 그렇게 A의 마음은 더 조급해지고 내 집 마련의 길은 멀게 만 느껴지면서 현실의 답답한 벽은 A를 더 압박해 오고 있었다. A는 주식을 한번 시작해 보면 어떨까? 괜찮은 주식에 대해 물어보았다. 나조차 아 직 완전 초보 주식 투자자이기에 종목을 추천해준다는 것은 말도 안 되는 소리였다. 누구나 다 아는 우량 기업에 장기 투자를 할 목 적이라면 몰라도 단기 수익을 목적으로 주식투자를 하는 것은 반 대라는 입장을 밝혔다. A는 '주식 투자를 너무 늦게 시작한 것 같 아 빠른 수익을 원하는 조급한 마음과 혹시 라도 투자한 금액에 손 실이 생기면 어떡하지?' 라는 불안감이 있었다. 잃어도 되는 돈은 없지만 없으면 안 되는 돈으로 투자를 하는 것은 반대였다. A는 그 렇게 나의 주식투자 종목과 수익률에 대해 묻고 자신의 투자 종목 을 선택했다.

주식시장의 하락장에 주가가 많이 빠져 있는 상태에 조금씩 분 할 매수를 해보기를 권했다.

일단 시작부터 해보는 것이 중요하다.

1주라도 사보고 주식 공부를 시작하라고 조언했다. A는 그날 주식을 매수하지 않았다. 아직 준비가 되어 있지 않다는 이유였다. 다음에 또다시 연락이 와 주식에 관한 질문을 했다. 나는 내가 투자하는 종목의 수익과 손실을 있는 그대로 말해 주었다. 그날 A는 스마트폰에 증권사 앱을 설치하고 가입까지 마쳤다. 하지만 그날 역시 주식은 매수하지 않았다. 그리고 얼마 후 하락했던 주가가 올라가기 시작했다. A는 '지금 매수해도 될까?'라는 연락을 해왔다. 장기 투자를 생각하면 지금 매수하는 것도 나쁘지는 않지만 나는 지금 상황에는 매수하지 않을 거라고 답했다. 그렇게 A는 여전히 주식을 1주도 매수하지 못했다. 하락했을 때 매수하지 못한 아쉬움과 후회로 한숨 소리만 가득했다.

주가가 내려가면 더 내려갈 것 같아 매수하지 못했고, 주가가 올라갈 때는 지금이 고점인 것 같아 매수할 수 없다고 말한다. 처음부터 당장 수익을 본다는 것은 쉬운 일이 아니다. 하락장에 주식을 매수할 수 있는 용기가 필요했고 믿음이 있어야 했다.

일단 시작이 중요하다.

투자는 공부가 필요하다. 무엇을 배우기 위해 교재를 사거나, 강의를 들을 때 돈을 투자한다. 주식 역시 일단 직접 주식시장을 경험해 보아야 실전 공부가 가능하다. 처음부터 수익을 바라는 마음 보다는 주식에 대해 알아간다는 마음으로 시작 해야 한다. 내가 사고 싶고, 믿음이 가는 회사의 주식을 1주씩만 사서 주가의 흐름을 공부해 보는 것도 좋다. 회사의 실적에 따라, 새로운 사업에 따라, 정부의 새로운 투자 정책에 따라 주가의 흐름은 달라진다. 그것을 직접 보고 느껴보는 것이다. 모든 것에 정답은 없다. 나만의 투자 패턴을 익히고, 나만의 공부가 되어 질 때 투자의 조급함과 불안함 또한 작아진다.

나 역시 처음부터 많은 수익을 꿈꾸고 주식투자를 시작했다. 하지만 주식투자를 하면서 100%, 200% 수익은 쉬운 일이 아니라는 것을 알 수 있었다. 주가가 내려가면 손실 금액이 아까워 손절 하지 못했고, 주가가 올라가면 다시 주가가 하락할까 어느 정도의 수익에서 매도를 했다.

지금은 소소한 수익금이 주식 계좌에 쌓여가고 있다. 매도하면서 얻은 수익과 분기 배당금 수익률이다. 수익이 났지만 아직 매도하지 않은 종목은 수익률에 포함하지 않았다. 팔지 않은 주식은 나의 자산 총액에는 포함되지만 수익 금액에는 포함하지 않는다. 주가는 언제 어떻게 변할지 모르는 일이니까.

재테크를 해보고 싶다면 일단 시작부터 해야 한다.

취미 생활로 소소한 수익

육아와 집안일로 정신없는 시간들을 보내다가 아이들이 어린이집에 가게 되면 엄마에게도 엄마의 시간이 존재하게 된다. 습관처럼 아이들과 지내온 시간들이 하루아침에 나의 시간으로 교체되지는 않는다.

아이들이 어린이집에 있어도 밥은 잘 먹는지, 친구들이랑 잘 놀고 있는지, 어린이집 선생님이 우리 아이를 이뻐해 주시는지, 다치지 않게 잘 지내고 있는지……. 짧게는 몇 주 길게는 몇 달 동안 아이들과 엄마의 시간은 다른 장소 같은 시간 속에 있다.

그렇게 시간이 지나 아이들이 어린이집에 잘 적응하게 되고 온전히 엄마의 시간을 가지게 된 엄마들은 생각한다. 무얼 하지?

정작 엄마의 시간이 있음에도 무얼 해야 할지 모른다. 청소와 설거지를 하고 밀린 빨래를 한 다음 그다음은? 마트에 가서 장도 보고, 오랜만에 미용실에서 머리도 하면서 시간을 보내다 보면 어느 순간 느껴지는 알 수 없는 감정이 문득 다가온다.

'파트타임 아르바이트라도 할까?'

'문화센터에 가서 재봉 수업을 들어볼까?'

아이들을 어린이집에 보내고 6개월 정도 지난 시기의 엄마들은 새로운 무엇인가를 찾고자 한다.

영어를 배우고 싶어 하기도 하고, 다이어트를 위한 요가나 헬스, 필라테스, 아이들 옷을 만들어 주기 위한 재봉 수업을 듣고 싶어 하기도 한다.

엄마가 만들어 준 옷을 입은 아이들의 모습을 상상했다. 생각 만으로 흐뭇한 미소가 지어졌다. 의류비 절약에도 도움이 될 듯하여 집 근처 문화센터에 등록했다. 문화센터 비용은 3개월 5만 원이었고, 재료비는 별도이다.

대구 서문시장에 가면 도매 원단 시장과 재봉 부자재 도매업체들이 많아 저렴하게 구매할 수 있어 재료비도 절약할 수 있다.

원단 같은 경우는 유행이 지났거나, 자투리 원단 같은 판매가 불가능한 제품들을 저렴하게 판매하는 곳을 주로 이용했다.

아이들 옷을 만들다 보니 원단 사이즈가 1마 정도면 충분했기에 저렴한 원단을 구입해 아이들 옷을 만들기 시작했다. 처음 배워보는 재봉 수업이었지만 나에게 이런 재능이 있었나? 할 정도로 재봉을 배우고 옷을 만드는 일은 흥미로웠다. 일주일에 1회 수업 한 달에 4회 수업으로 3개월이면 12회 수업 동안 아이들 옷은 물론 나의 원피스, 겨울재킷 등을 만들었다.

아이들 커플 외투 원가는 2벌에 만 원 정도의 비용이 들었다. 겉감은 2온스 패딩 원단으로 1마에 4,000원 2마를 구입했고 안감은 자투리 원단 매장에서 1마에 1,000원에 매입했다.

초겨울용 안감 후드 패딩 코트는 원단이 1마당 4,000원이고 3마 구입했고, 원단 겉감은 자투리 원단 매장에서 1마당 2,000원 2마를 구입해서 만들었다. 남은 원단으로 딸아이 원피스 2개와 아들 조끼를 만들었다.

만들어 준 옷을 입고 어린이집에 가면 선생님들께 엄마가 만들어 준 옷이라고 자랑하면서 뿌듯해 하며 좋아했다.

요즘도 딸아이는 엄마가 만들어 준 외투가 이쁘다고 겨울 내내 입고 다닌다.

12주 정도 배운 재봉 실력이지만 즐겁게 집에서 옷을 만드는 작업을 계속하다 보니 옷 만드는 실력 역시 나날이 좋아졌다. 어린이 집 등원할 때마다 아이들의 옷을 보고 예쁘다고 생각한 딸아이 친구 엄마는 원단을 주면서 원피스를 만들어 달라고 부탁을 하기도 했다. 남편과 시어머니는 동네에 작은 공방을 개업해 보는 게 어떻겠냐며 나의 옷만들기 취미를 응원했다.

옷을 만드는 것을 좋아하지만 누군가를 가르치고 만든 옷을 판매할 정도의 실력은 아니었다.

12주 동안의 재봉 수업을 듣고 옷을 만들면서 우리 아이 옷을 보고 똑같이 만들어 달라는 엄마들의 부탁으로 옷을 만들어주고, 지인들의 부탁으로 옷을 수선해 주면서 소소한 감사의 표시로 선물을 받기도 했다. 소소하지만 원단 비용과 수고비를 주는 경우도 있었다.

주기적인 수입으로는 남편 지인이 운영하는 헬스장 헬스복 수선으로 소소한 금액을 받고 수선을 해주는 일이었다.

아이들 옷 가랑이가 터지거나 작아진 원피스에 안 입는 레이스를 잘라 원피스 밑단에 달아 입혔고, 색이 바랜 티랑 작아진 바지를 리폼 해서 스커트를 만들어 입히면서 매달 지출 되는 의류비를 절약했다.

재봉을 배우면서 공식적인 수익이라고 할 수 있는 것 은 남편 지인의 피트니스 트레이닝복 수선 정도지만 아이들 의류비와 나의 의류비를 절약할 수 있었고 매번 바지 수선을 세탁소에 맡기던 비용도 절약했다.

취미로 배운 재봉이 소소하게 수익을 만들어 주었다. 소소하게 집에서만 하던 나만의 취미 생활이 누군가는 필요한 정보가 될 수 있고, 제품이 될 수 도 있으며, 지식이 될 수도 있다.

네일 아트에 관심이 많았던 나의 지인은 동네 엄마들에게 네일을 해주면서 소소한 수익이 발생했고, 다른 지인은 요리하는 것을 좋아하다 보니 여러 엄마들의 부탁으로 밑반찬을 만들어 판매하고 있다.

엄마들의 취미 생활이 소소하게 수익을 발생하면서 자신도 모르는 사이 엄마의 재테크가 시작되고 있다.

놀이터 엄마들의 수다

어린이집 하원 차량에서 내리자마자 아이들은 아파트 단지 놀이터를 향해 뛰어간다. 이 시간이 엄마들의 수다 시간이기도 하다. 5살 이상 아이들은 친구들과 놀이 학습이 가능해서 위험하게 놀지 않는지 친구와 다툼 없이 잘 놀고 있는지 잠깐 씩 봐주기만 하면 된다. 하지만 4세 이하 아이들은 친구들의 놀이 문화보다는 자기만의 세상 속에서 놀고 싶어 하는 아이들이 대부분이라 양보보다는 자기 위주의 생각을 우선시한다. '위험하다.' '안전하다.' 라는 변별력이 아직 부족하기 때문에 엄마가 한시라도 눈을 뗄 수없다. 잘못된 행동은 바로 잡아 주어야 하고, 위험한 행동을 제지해야 하기 때문에 4세 이하 엄마들은 놀이터 벤치에 앉아서 수다 시간을 갖기가 쉽지 않다.

　놀이터에서 엄마들의 수다는 1순위 아이들, 2순위 남편, 3순위 자신이다. 아이들의 식습관부터, 공부 습관, 좋아하는 스타일, 각자 다른 아이들의 성향에 따른 육아법 등 아이들의 이야기는 몇 시간을 이야기해도 술술 계속 이어진다. 놀이터에서 엄마들의 수다 속에는 영양가 없는 이야기들도 많지만 그 속에서 정말 유용한 정보를 얻을 수도 있다. 아이들의 성향이 집마다 다르기 때문에 육아 스타일은 누구의 집 엄마의 육아법이 좋다, 아니다를 평가할 수는 없다.

　나 역시 우리 아이들과 옆집 아이들은 성향 자체가 다르기 때문에 옆집 엄마의 육아법이 아무리 좋다고 해도 우리 집 아이에게 맞지 않으면 아이들에게 강요하지 않는다.

　놀이터에서 엄마들의 수다 속에는 소소한 재테크를 위한 정보들도 있다. 집에서 소소한 부업으로 수익을 내는 엄마들이 있고, 남다른 손재주로 인테리어 소품을 만들어 판매하는 엄마, 결혼 전 간호사로 일을 했던 엄마는 시간제 아르바이트를 하고 있었고, 아파트 단지 근처 세일하는 마트를 다 알고 있는 엄마, 나라에서 주는 혜택을 빠짐없이 꼼꼼히 받고 있는 엄마들 내가 모르고 지나쳤던 것들을 놀이터에서 만난 엄마들의 수다를 통해서 알았다. 놀이터에서 만난 엄마들은 자기만의 소소한 재테크를 하고 있었다.

나도 나름 절약하고 있었다고 생각했고, 소소한 재테크에는 나름 자부심이 있었는데 놀이터 엄마들과의 수다를 통해서 아직 내가 모르고 있던 부분들이 많다는 것을 알게 되었다.

나라에서 아이들에게 주는 각종 지원금은 모두에게 동등하게 준다고 생각했는데 아니었다. 남편 월급이나 가정 재정이 나와 별 차이가 없는 동네 엄마가 있다. 그 엄마는 나라에서 주는 모든 혜택을 받고 있었다. 자녀장려금, 아동수당, 초등학생 자녀의 교육비 지원까지 받고 있었다. 아는 엄마는 자녀 장려금으로 추석 전에 200만 원을 받은 엄마도 있고, 다른 엄마는 80만 원을 받은 엄마들도 있다고 한다.

나와 가정 재정 상황이 별 차이가 없어 보이는 엄마들은 어떻게 이런 혜택을 받았을까?

나는 집으로 돌아와 인터넷으로 자녀 장려금 혜택에 관한 내용을 2시간이 넘게 검색을 했다. 결론은 나는 혜택이 되지 않는 것이었다. 그래도 혹시 누락될 수도 있다는 생각에 국세청 홈페이지 홈택스에 접속해서 신청을 했다. 결과는 역시나 자격이 되지 않았다. 이렇게 자녀 장려금이나 아동 수당 등 나라에서 주는 금액을 받은 엄마들 대부분은 그 돈을 모두 써버린다고 한다. 그동안 아이에게 비싸서 사주지 못했던 장난감을 사거나, 엄마들의 옷과 가방, 가정에 필요한 식기류나 가구 등에 소비해 버린다.

한 달 생활비 외에 나에게 들어오는 수익은 모두 은행에 예금한다. 정해 놓은 생활비로는 조금 불편한 생활을 할 수도 있지만 충분히 한 달을 살아낼 수 있었다.

아이들의 아동 수당은 비밀 통장에 차곡차곡 쌓였다. 얼마를 버느냐 가 중요한 게 아니다. 어떻게 쓰는가 가 중요하다. 동네 엄마는 자녀 장려금과 아동 수당을 합치면 1년에 450만 원 정도의 수입이 들어온다. 나는 두 자녀 아동 수당만 240만 원을 받는다. 나는 고스란히 통장으로 예금을 했고, 동네 엄마는 아이들을 위해, 엄마를 위해, 가정을 위해 모든 금액을 소비해 버렸다. 결과적으로 1년 동안 동네 엄마의 통장 잔고는 0원, 나의 통장 잔고는 240만 원이다.

돈을 모으는 가장 좋은 방법은 안 쓰는 것이다. 그렇다고 궁상맞게 살면서 절약하는 자린고비나 스쿠루지 같은 삶을 사는 것은 바라지 않는다. 한번 밥을 얻어먹으면 나도 한 번은 밥을 사고, 가끔 동네 엄마들과 봄이 되면 꽃 구경도 가고, 가을이 되면 단풍 구경도 간다.

결혼 전 '욜로'를 외쳤고 미래의 삶보다는 현재의 삶의 행복이 중요하다 생각했다. 모으는 습관보다는 쓰는 습관이 몸에 배어 있었다. 가정 재무를 책임지는 사람으로서 예전의 소비 습관을 고집할 수는 없다.

목돈을 지키는 지혜

"돈을 벌면 뭐해! 버는 사람 따로 있고 쓰는 사람 따로 있는데……"

친정 엄마가 습관처럼 내뱉던 말이다. 엄마는 돈을 아주 좋아하기도 했고 잘 모으기도 했다. 이런 사실을 알고 있는 우리 가족들은 돈이 필요할 때면 엄마 호주머니 속의 돈을 야금야금 갉아먹기 바빴다.

"내가 돈 찍어내는 기계인 줄 알아?"

참다 참다 화가 난 엄마는 우리 가족들의 돈 달라는 소리에 고함을 치시기도 했다. 엄마가 혼자 살았다면 월세 받는 건물 2채는 가지고 있어 편안한 노후를 즐기고 있지 않았을까 하는 생각이 든다.

아무리 돈을 아끼고 아껴서 목돈을 마련해도 그 목돈을 누군가 써 버린다면 재테크를 위한 종잣돈 모으기는 또다시 처음부터 새로 시작해야 한다.

목돈을 모으는 방법도 중요하지만 그 돈을 지켜내는 방법 역시 중요하다. 친정 엄마는 돈은 잘 모았지만 그 모은 돈을 잘 지켜내지 못했다. 막내아들 사고 합의금으로 써버리고, 딸 대학 등록금으로 써버리고, 남편 사업 자금으로 써버리고 그렇게 친정 엄마의 목돈은 가족들을 위해 모두 사라져 버렸다.

시간이 지나서 알게 된 사실이지만 친정 엄마는 목돈을 모아 집 앞에 짓고 있던 빌라를 구매할 계획이었다. 쉽게 손 안에 들어 돈은 돈의 소중함을 느끼기도 전에 쉽게 손을 떠나가게 된다. 매번 엄마의 호주머니 속 돈만을 받아쓰던 나와 동생들은 돈의 소중함을 알게 된 건 엄마가 엄마의 호주머니 지퍼를 꼭 닫아 버리고 더 이상 열지 않게 된 이후부터였다. 돈이 새어나가지 않으니 친정 엄마의 통장에는 돈이 쌓이기 시작했다.

요즘은 초등학교에서부터 금융과 경제 수업을 가르쳐야 한다는 이야기가 나오고 있다. 그만큼 어릴 적부터 돈이란 개념을 배우고 자란다면 나와 우리 동생들처럼 엄마 호주머니만 보고 있지 않고, 스스로 경제 활동을 통해 돈을 벌지 않았을까?

3년 전 남편이 다니던 직장을 그만두고 사업을 시작한다는 선전 포고를 한 뒤 2개월 만에 매장을 구하고, 직원을 뽑고, 간단한 인테리어를 시작하고 바로 개업식을 했다.

　넉넉한 자본금을 가지고 시작한 사업이 아니었기에 남편이 받을 수 있는 은행 대출은 싹 다 받았고 그 돈은 고스란히 매장 보증금과 인테리어 비용으로 모두 써버렸다. 사업을 하는 사람이라면 혹시 모를 여유 자금을 조금이라도 가지고 있어야 하는데 더 이상 대출 받을 수 있는 구멍이라고는 찾아볼 수 없었다. 남편은 나에게 비밀 통장이 있는 것을 모르고 있었다.

　남편과 저녁을 먹고 있는데 푸념 섞인 말로 지금 딱 여유자금 2,000만 원 있으면 아무 걱정 없이 일에만 집중할 수 있을 것 같다는 이야기를 했다. 당장 필요한 돈이 아니라 그냥 나를 지켜주는 지원군 같은 그런 느낌을 주는 여유 자금이 필요하다는 것이었다. 나는 그다음 날 바로 은행으로 향했다. 남편의 의기소침한 모습과 축 처진 어깨, 푸석해진 얼굴이 내 머릿속을 떠나지 않았기에 내 비밀 통장을 공개하기로 마음먹었다. 은행으로 달려가 그동안 분산해서 정기 예금을 들어 놓았던 통장들을 해지하기로 했다. 2,000만 원 정도가 필요했기에 나는 혹시나 모를 일을 대비해서 분산해서 들어 놓았던 금액 중 2,000만 원만 해지하기로 했다. 은행 직원분은 지금 해지 하면 이자가 아깝다면서 다른 방법을 하나 제안해 주셨다. 2,000만 원이 필요한 이유를 은행원에게 말해 주었고 은행원은 그럼 적금 해지를 하지 말고 정기 예금 담보 대출이나 마이너스 통장을 만드는 쪽으로 제안을 했다.

담보 대출보다는 마이너스 통장 쪽이 지금 나의 상황에는 더 좋은 대안이 될 것 같다는 생각이 들었다. 마이너스 통장은 내가 마이너스 통장으로 돈을 인출해서 쓸 경우만 이자를 내면 되지만 대출은 대출이 실행된 시점부터 대출이자가 나가기 때문에 나는 마이너스 통장을 만들기로 했다.

정기예금 중 2,000만 원을 담보로 마이너스 통장을 개설했고, 1년 뒤 갱신 유무를 알려주면 된다고 했다. 일반 직장인이라면 재직증명서와 수입을 증명하는 자료를 제출하면 쉽게 마이너스 통장을 만들 수 있지만 수입이 없는 가정 주부는 마이너스 통장 개설이 불가능했다. 그동안 차곡차곡 모아왔던 비밀 통장 적금과 예금이 있었기에 담보 마이너스 통장 개설이 가능했다.

당장 사용할지 안 할지 모르는 예비비용이라면 적금이나 예금을 담보로 마이너스 통장을 만드는 것도 좋은 대안이라는 생각이 든다. 그날 저녁 급할 때 사용하라고 남편에게 마이너스 통장을 건네주었다. 안 쓰는 게 제일 좋지만 꼭 써야 할 때 쓰라는 말도 함께 전했다. 나는 나의 비밀 통장도 지켰고, 남편의 자신감도 지켜주었다.

남편은 사업 초기 2~3번 정도 마이너스 통장을 사용했고 그 뒤에는 마이너스 통장을 사용하지 않고도 충분한 여유자금이 생겼고 마이너스 통장은 다음 해에 해지했다.

푼돈으로 목돈을 만들기는 쉬운 일이 아니다. 어렵게 모은 목돈을 소중한 누군가 에게 사용해야 할 일이 생긴다면 목돈을 지키면서 사용할 수 있는 방법들을 생각해보고 도저히 그 방법이 나오지 않는 다면 최후의 방법으로 목돈의 사용 유무를 결정해야 한다.

종잣돈의 목표 설정

중학교 담임 선생님께서 봄방학을 앞두고 중학교 3학년이 되는 우리들에게 해주신 말씀이 있다.

"누구에게나 공평하게 주어지는 1시간 동안 목적 없이 무작정 걷는 사람과 목적을 가지고 걷는 사람의 1시간 뒤에는 각각 다른 결과를 보여준다."

아무런 목적 없이 걷는 사람의 한 시간 뒤 변화는 눈으로 확인할 수 없는 소량의 칼로리 소모량 정도의 변화가 나타나는 반면, 목적을 가지고 걷는 사람의 1시간 뒤는 그 사람의 목적에 따라 많은 변화를 가져온다. 1시간 동안 동네 공실 상가와 임대가 잘되는 상가, 장사가 잘되는 상가, 사람이 모이는 장소 등 동네 상가 분석을 하면서 1시간 동안 걷는 사람은 소량의 칼로리 소모와 동네 상가 분석이라는 데이터를 얻게 된다.

복잡한 생각을 정리하는 목적을 가지고 1시간 동안 걷는 명상을 하는 사람은 1시간 뒤 명상의 효과를 얻을 수 있고, 동네에서 제일 저렴한 마트를 찾을 목적으로 1시간 동안 걷는 사람은 한 달 식비를 줄일 수 있는 방법을 얻게 된다.

생활 속에서도 어떤 목표나 목적을 가지고 행동을 할 때 나타나는 결과는 우리에게 긍정적인 변화를 가져다준다. 목표가 없이 열심히만 하는 것은 금방 지쳐 포기할 확률이 높아진다.

공인중개사 시험을 준비할 때도 뚜렷한 나만의 목표가 없었더라면 8월 초 원서 접수 전에 아마 시험을 포기했을 것이다. 공인중개사 시험에 꼭 합격해야 하는 이유가 있었기에 끝까지 포기하지 않고 시험에 응시할 수 있었다.

종잣돈 모으기 역시 뚜렷한 목표와 계획이 있어야 한다. 무작정 종잣돈을 모아 놓고 언제 어떻게 어디에 사용할 지를 모른다면 그 돈은 나도 모르는 사이에 사라져 버릴 지도 모른다. 일반적인 외벌이 가정에서 푼돈부터 시작해서 목돈이 되기까지는 많은 시간이 소요된다. 목표 금액을 설정해 놓고 그 금액이 모이면 어떤 곳에 그 종잣돈을 사용할 것인지 계획과 목표가 있어야 한다.

나와 같은 경우는 종잣돈 500만 원이 모이면 그 500만 원으로 정기 예금을 들었고 다시 500만 원이 모이면 1,000만 원의 정기 예금을 들었다. 5,000만 원이라는 종잣돈이 모이면 경매와 소형 아파트 물건에 투자할 계획을 세웠다. 종잣돈이 모이는 시점과 투자할 물건이 나타나는 시점은 다를 수 있다. 나 역시 목표한 종잣돈은 6개월 전에 달성이 되었지만 마땅한 경매 물건이나 소형 아파트 물건이 없었다.

소액으로 투자를 할 경우는 경매나 소형 아파트, 오래된 저층 아파트, 빌라, 급매물 등 많은 손품과 발품을 팔아야 한다. 투자금이 넉넉하다면 좋은 입지에 좋은 물건을 구매할 수 있지만 소액 투자를 생각한다면 그만큼 더 많은 노력이 필요하다. 계획한 종잣돈이 마련되면 그때부터 인터넷으로는 손품을 팔고 운동 삼아 산책 삼아 집 근처 현장을 돌아다니는 발품을 판다. 첫 투자라면 자신이 살고 있는 동네의 물건부터 분석해보고 분석 결과 괜찮은 물건이라는 결과를 얻었다면 구매하는 것이 좋다.

첫 투자는 생각보다 많은 용기가 필요하다. 정작 종잣돈이 마련되어도 혹시나 하는 불안한 마음 때문에 투자를 망설이게 되는 사람들이 많다. 그도 그럴 것이 몇 년 동안 아주 어렵게 모은 돈을 잃을 수도 있다는 위험성 때문에 쉽게 뛰어들지 못한다. 나 역시 작은 소형 아파트를 투자하기 위해 6개월이 넘는 기간 동안 손품과 발품을 팔았다.

좋은 물건이라고 모든 결과가 말을 해줘도 혹시나 모를 위험성 때문에 투자하지 못했던 소형 아파트가 있었고, 조금 모자란 투자 비용과 대출의 위험 부담으로 고민하다가 눈 앞에서 놓쳐버린 소형 아파트도 있었다.

그 물건들은 지금 시청사 이전지로 확정된 지역에 위치한 물건들이라 지금은 그때보다 가격이 상승되었다. 앞으로 시청사가 건설되고 상권이 활성화된다면 그곳 소형 아파트의 가격은 더 상승할 것이다. 그때 할 수 있다는 용기를 가지고 그 소형 아파트를 구매했더라면 하는 생각을 하기도 했지만 아직 나의 투자 그릇이 그만한 물건을 담을 크기가 되지 못하다는 것을 인정해야 했다.

천 원에서 소형 아파트 되던 날

재테크 관련 서적들 위주로 많은 책을 읽기 시작했다. 누군가는 말한다.

"너무 돈돈하는 거 아니니?"

"책도 돈에 관한 책만 읽고 뭐든지 집착하는 건 좋지 않아!"

하지만 나는 생각한다.

'돈을 싫어하는 사람이 있을까?'

표현을 하지 않을 뿐 돈은 없는 것보다는 있는 게 더 좋지 않을까?

'나는 돈을 좋아하지 않아.'

'돈은 있어도 되고 없어도 돼.'

이렇게 돈에 대해 부정적으로 생각을 하는 사람들에게는 돈은 멀어진다고 한다.

어떤 생각을 하고 어떤 말을 하는지는 매우 중요하다. 그래서 나는 이렇게 말버릇을 바꾸기로 했다.

'돈은 나를 너무 좋아해.'

'돈이 넘쳐 흐르고 있어.'

'돈아, 고마워.'

그렇다고 해서 당장 나에게 돈이 정말 넘쳐 들어오고 하는 일은 벌어지지 않는다.

무슨 일이든 꾸준히 습관처럼 하게 될 때 나도 모르는 사이에 그 돈은 아주 작게 천천히 올 수도 있고, 큰 걸로 한방에 올 수도 있다.

나는 공인중개사 자격증 공부를 하면서 쌓인 지식과 여러 부동산 재테크 책을 읽고 소형 아파트에 투자해 보기로 했다.

독서를 통한 실천은 나에게 많은 변화를 가져다주었다. 소심한 I형 주부가 부동산 투자를 꿈꿀 수 있게 생각을 바꿔 주었고, 소리부터 지르던 엄마의 모습에서 아이들의 행동을 이해해 보려고 하는 엄마의 모습으로 변화하고 있었다. '안 된다.'라는 부정적인 말보다는 '된다, 할 수 있어.'라는 긍정적인 말들이 늘어났다. 독서는 인생에 있어 혁명 그 자체였다.

종잣돈으로 오래된 저층 아파트를 구매했다. 시세는 전세가 6,000~6,500만 원, 매매가 7,500~8,500만 원, 월세 보증금 300~500만 원, 월세 35~50만 원으로 시장 가격이 형성되어 있었다.

시세 보다 저렴한 급매로 나온 물건을 구입했고, 금액은 4,800만 원이었다. 800만 원의 인테리어 비용을 들어 수리를 해 바로 매도를 한다고 해도 수익이 발생할 수 있는 매물이었다. 연식이 오래된 5층짜리 저층 아파트였지만 입지는 나쁘지 않았다.

초등학교가 도보 5분 거리에 있었고, 버스 정류장 5분, 지하철 10분, 각종 중,대형 마트들이 도보 10분 거리에 자리했다. 병원과 편의 시설이 잘 갖춰진 물건이었다.

대학교도 도보 5분 거리에 위치해 있었고, 학생들에게 셰어하우스로 임대를 놓아도 수익이 발생할 수 있겠다는 생각이 들었다.

그리고 고도지구 해제 도시관리계획 입안 중에 있었고 (2019.12월 고도지구 해제되었음) 3종 일반주거지역이었다. 고도지구 해제와 3종 일반주거지역이라면 건폐율과 용적률에서 다른 건물들보다 이득이라고 생각이 들었다. 그렇게 첫 나의 부동산 투자를 시작했다.

오래된 아파트이다 보니 누수 관련 문제와 새시 교체비용을 생각해야 했다. 인테리어 비용 중 70%를 화장실 방수 공사와 새시 교체 비용으로 사용했다.

새시 교체는 겨울 난방과 결로 문제가 발생할 수 있기 때문에 오래된 새시라면 교체를 하는 것이 좋다. 그렇게 나는 선택과 집중의 방법으로 인테리어를 마쳤다.

벽지와 장판은 제일 저렴한 것으로 선택했고, 싱크대는 깨끗이 청소해서 사용하고, 전등과 콘센트 교체는 남편과 함께 셀프 인테리어를 했다.

전문가의 손길이 필요한 욕실과, 벽지, 새시는 여러 인테리어 업체 중 제일 저렴하고 꼼꼼히 해줄 수 있는 곳을 선택했고 생각했던 것 보다 더 꼼꼼하게 인테리어를 해주어 감사했다.

인테리어 비용 중 새시 교체 비용과 보일러 교체 비용, 현관 도어록 교체 비용은 매도 시 양도세 필요 경비 공제가 가능한 부분이기 때문에 영수증을 보관해 두면 좋다.

인테리어 업체 선정부터 어떤 부동산 공인중개사를 만나느냐에 따라서 나의 수익률은 올라갈 수도 내려갈 수도 있다는 것을 알았다. 미처 체크하지 못했던 부분과 미흡하게 대처했던 부분들을 현장 경험을 통해서 배울 수 있었다.

세입자와 가계약을 하고 2개월 뒤 입주하기로 이야기가 된 상태였는데, 그전에 나와 아무런 상의 없이 아파트 비밀번호도 바꿔 버렸고, 세입자는 입주 한 달 전에 짐을 미리 가져다 놓은 상태였다.

어차피 빈집이기는 하지만 미리 나한테 이야기를 하지 않은 채 부동산 공인중개사 결정대로 일을 진행하고 있었다.

아직 인테리어 보수 작업이 남은 상태였는데 보수 작업을 하러 오신 분께서 변경된 비밀번호 때문에 보수 작업을 하지 못하고 그냥 가시게 되는 상황도 발생했다.

소형 아파트이다 보니 가구와 전자 제품 사이즈 부분을 계약 전에 공인중개사와 충분히 상의를 했는데 그런 중요 부분을 세입자와 이야기하지 않은 채 세입자가 가구와 전자 제품을 구매하는 바람에 곤욕을 치른 경험이 있다.

그렇게 여러 문제점들이 터지게 되고 나니 더 이상은 좋은 게 좋은 거라고 생각하면서 할 수 없다는 생각이 들었다. 그 뒤부터는 정확하게 공인중개사에게 상황을 말했고, 계약서대로 이행이 될 수 있도록 해 달라는 말과 함께 깔끔한 일처리를 부탁했다.

우여곡절 끝에 세입자가 입주했고 매달 나는 일정 금액이 통장으로 들어오는 첫 파이프라인을 만들었다.

그렇게 좌충우돌 첫 부동산 투자를 마쳤다. 한 동짜리 저층 아파트라도, 5층 아파트의 5층이라도, 원룸 촌이 형성된 지역의 물건이라도, 입지만 좋다면, 월세 수요만 있다면, 전세가보다 적은 금액으로 매입을 할 수 있어서 매입과 동시에 수익 발생 후 매도가 가능하다면 오래된 저층 아파트의 5층도 수익을 낼 수 있는 물건으로 나쁘지 않다.

첫 저층 아파트 투자에서 배운 점

1. 최대한 인테리어 비용이 들지 않는 매물을 구입한다.

2. 엘리베이터가 없는 건물이라면 중간층 정도의 매물이 인기가 있다. (내가 구입한 아파트는 생각보다 고층을 선호하는 사람들이 있었다.) 평균적으로 인기가 있을 뿐 예상 외로 고층을 선호하는 젊은 층들도 있다.

3. 인테리어 업체는 최대한 많은 곳에 견적을 내보는 것이 좋다.

4. 공인중개사와 이야기는 정확하고 확실하게 하고, 전화보다는 문자나 카톡으로 하는 편이 좋다.

5. 적은 평수의 주택이라면 세입자의 가구나 전자 제품 가능 여부를 확인시켜준다. 첫 투자이기도 했고 4,800만 원의 금액을 종잣돈으로 가지고 있었기에 나는 은행 대출 없이 현금으로 아파트를 구매했다. 인테리어 비용은 세입자의 보증금과 보험 해약금 일부분으

로 충당했고, 세입자 분이 1년 치 월세를 한 번에 입금해 주어 또 다

른 목돈이 들어왔다.

Part 2
I형 주부의
소소한 실전 투자

돈이 있어서 재테크를 시작한 사람들은 없다. 돈이 없기에 조금 더 풍족한 더 나은 삶을 위해 저마다 재테크를 하고 있는 것이 아닌가. 들어오는 돈이 한정되어 있다면 부수적인 수입이 없다면. 나가는 돈을 잡을 수밖에.

두려움은 허상이다

'처음'이란 단어는 설레이기도 하지만 반면 두렵기도 하다. 첫 어린이집 등원, 첫 초등학교 입학, 첫 대학 입학, 첫 직장 취업, 첫 결혼, 첫 출산. 설레임과 두려움이 함께 공존해 있는 처음이란 단어는 내가 어떤 단어를 선택하는 가에 따라서 성장해 있는 나와 그 자리에 머무는 나로 만든다. 걸음마를 시작하고 엄마, 아빠, 맘마 등 간단한 단어 몇 개만 할 줄 아는 아이를 어린이집에 처음 등원시키던 날, 우리 아이가 잘 적응할까? 혹시라도 다치지는 않을까? 두려움이 가득했던 마음과 또래 친구들을 만날 수 있는 기회, 엄마가 해주지 못하는 놀이 학습으로 성장해 가는 아이를 생각하면서 설레 였던 마음으로 어린이집 첫 등원을 결정했고 그 결과 우리 아이는 나의 두려움과는 달리 놀랄 만큼 잘 적응했고, 지금은 초등학교에 입학해 내후년에는 중학교에 입학을 한다.

'두려움은 허상이다!'

지나고 보면 아무 일도 아닌 것에 초조해 하고 두려워 하면서 살아 왔다. 그것이 처음 시작하는 첫 경험이라면 더욱더 두려움의 크기는 크다. 몇 년 동안 모아온 종잣돈으로 나의 첫 투자를 결정 했을 때의 두려움과 떨림은 표현할 수 없을 만큼 거대 했다. 마음에 드는 물건을 발견하고 부동산 중개 사무실에 전화를 걸기 까지 수백 번 생각하고 전화기를 들었다 놓았다를 반복했다. 물건을 바로 구매하는 것도 아니고 물건의 상태와 아직 매수가 가능한지 확인 전화를 하는 것뿐이었는데도 나는 그 전화 한 통화를 하기 위해 노트에 질문할 내용을 적어보고 그 적은 내용을 여러번 읽어 보면서 어색함이 없는 지 확인하고 또 확인했다.

전화번호를 누르고 신호음이 들리기 시작할 때는 얼마나 떨리던지 나쁜 짓을 하다가 걸린 사람처럼 허둥지둥했다.

"○○공인중개사입니다."

노트에 적어 놓은 질문들은 생각이 나지 않고 바로 내 머리속에 있던 본능적으로 궁금했던 질문들이 나도 모르게 입 밖으로 나왔다.

"○○아파트 사고 싶은데 아직 매물 있나요?"

이 질문은 제일 마지막에 매물의 상태와 시세를 확인한 다음 물어볼 질문이었는데 나도 모르게 앞에 내용은 모두 없애 버리고 저 질문 하나만 하고 매물이 있다는 얘기만 듣고 전화를 끊었다.

"그냥 들이대."

내가 좋아하는 작가가 유튜브 방송에서 자주 하는 말이다.

"아니면 그만이고 되면 좋은 거고 일단 들이대."

이 말은 이제 무엇 인가를 시작해야 할 때 두려움을 없애 버리는 부적 같은 말이 되어 버렸다.

마음에 드는 소형 아파트나 빌라를 발견하면 그 지역의 개발 계획을 확인하기 위해 '씨리얼'이라는 앱을 핸드폰에 다운받아 개발 계획을 확인하고 혹시 라도 궁금한 사항이 있으면 해당 지역 시청 도시개발과에 전화를 해서 확인을 해본다. 처음 시청 도시개발과에 전화를 할 때도 처음 부동산 중개소에 전화를 했던 것처럼 무슨 말을 해야 할지, 내가 질문한다고 대답을 해줄지, 그냥 바쁘다고 끊어버리는 것은 아닌지. 내가 만들어 놓은 두려움이란 허상 속에서 아무것도 아닌 일을 아주 거대한 일처럼 만들어 버렸다.

시청 도시개발과에 전화를 했을 때는 정말 쓸모없는 걱정과 두려움을 가지고 있었다는 것을 알았다. 전화를 받은 직원은 너무 친절하게 민원 사항을 응대해 주었고, 내가 질문한 내용 보다 더 많은 내용들을 상세히 설명해 주었다.

더 궁금한 사항이 있으면 얼마든지 다시 전화를 달라는 이야기까지 남기고 전화를 끊었다. 얼마나 내가 쓸모없는 생각으로 시간을 낭비하고 있었는지 깨닫는 순간이었다.

내가 경험하는 처음이란 경험들은 설렘보다는 혹시나 모를 불안함과 두려움이 더 큰 비중을 차지했다. 쓸모 없는 걱정, 하지 않아도 되는 걱정들이 머릿속을 가득 채우면 올바른 판단력을 할 수 있는 여유까지 사라지게 만든다. 쓸데없는 걱정들이 하지 않아도 될 실수들을 만들어 내기도 한다.

'혹시 실패하면 어쩌지?'

'집값이 하락하면?'

'세입자가 구해지지 않으면?'

이런 두려움이 허상이라는 것을 알게 되기까지는 많은 시간과 노력이 필요했다. 나의 주위에는 재테크에 관심이 있는 사람도, 부동산 투자를 하는 사람도 없다. 오프라인 속에는 없지만 온라인 속의 나의 이웃들과 같은 관심사를 가지고 있는 카페 회원들이 있었기에 궁금한 것들을 질문하고 그 질문에 카페 회원들은 정성어린

답변을 남겨 주었다. 그리고 도서관의 많은 책들이 나에게 좋은 스승이자 멘토가 되어 주기도 했다. 그들이 나보다 먼저 경험 했던 투자 현장 속에서 겪은 희로애락을 책 한 권에 고스란히 적어 놓았기에 나는 그들이 걸어온 길을 따라 하지 말아야할 것과 꼭 해 야 할 것 그들에게 배워야 할 것들을 선별해서 그들의 노하우를 내 것으로 가져왔다. 어릴 적 부모님과 선생님께서 왜 그렇게 독서의 중요성을 말해 왔는지 내가 직접 독서를 하고 깨달음으로써 독서의 중요성이 더 크게 와 닿고 있다.

'내 주위에는 나와 같은 생각을 하는 사람이 없어!'

'궁금한 걸 질문할 곳도 마땅치 않고!'

'내가 제대로 하고 있는지도 궁금해.'

이 모든 질문은 온라인 커뮤니티와 책 속에서 찾을 수 있다. 내가 관심 있는 재테크 종목이 있다면 관련 카페나 블로그 이웃과 소통하면서 궁금한 부분에 대해서 질문도 할 수 있고, 그들의 글에서 내가 미처 알지 못했던 부분들을 알아갈 수도 있다. 생활비의 여유가 된다면 서점에서. 생활비의 여유가 없다면 도서관에서 재테크 스승을 만나 보는 것도 성공 적인 재테크를 위한 좋은 방법이다.

"여기에 투자하면 돈을 벌 수 있어요?"

"이 땅이 대박 나는 땅이 맞나요?"

"수익율이 200%가 넘는다는데요?"

신이 아닌 이상 핀셋으로 콕콕 찍어 여기는 대박나는 투자처 저기는 쪽박 나는 투자처 라고 이야기를 해준다면 나는 그런 사람의 말은 눈과 귀를 막아 버린다. 아예 보지도 않고 듣지도 않는 것이 나의 건강에 좋기 때문이다.

그런 투자처가 있다면 사람의 특성상 누구에게 알려 주려고 하지 않을 것이다. 사람은 누구나 돈을 벌고 싶은 욕망을 가지고 있다. 수익률이 보장되는 투자처가 있다면 알지도 못하는 사람에게 알려주고 싶을까. 스스로 생각해 보면 그 답이 나올 것이다.

생각 속에 보이는 재테크 투자는 설렘은 있지만 두려움은 없다. 행동으로 보이는 재테크 투자는 설렘과 두려움이 공존한다. 나의 머릿속에서 일어나는 재테크 투자는 성공적인 결말을 보여주지만, 머릿속의 재테크를 현실로 옮기는 약간의 움직임만으로도 두려움은 폭풍처럼 밀려온다. 많은 사람들이 생각만 하고 행동으로 옮기지 못하는 이유이기도 하다. 완벽하게 준비했다면 과감하게 주사위를 던져 보는 용기를 내어 보는 것도 괜찮다. 완벽한 준비속에는 혹시 모를 위험에 대한 충분한 준비를 해두는 것도 포함된다.

투자와 주거는 분리해서 생각한다

오랜만에 A를 만났다. 자연스레 안부를 묻고. 우리가 만나지 못한 서로의 시간들에 질문을 쏟아내기 시작했다.

"뭐하고 지냈어?"

"아이들은 잘 크지?"

집으로 데리고 갈만큼 예쁜 커피 잔 손잡이를 만지작거리며 A와 이야기를 이어 나갔다.

아이들이 크는 이야기, 남편 이야기로만 두어 시간이 넘는 시간이 지나가고 있었다. 서로 가족의 안부를 묻는다는 것이 주고받기를 반복하며 시시콜콜한 이야기를 끊임없이 서로에게 말하고 있었다. 같은 말이 반복되기도 하고, 별 의미 없는 말을 그냥 내뱉기도 하는 A와 나의 대화가 지루해지기 시작했다. 더 이상 끄집어낼 이야기가 없는 듯 오고 가는 말들이 짧아지고, 어색한 침묵의 시간이 늘어나고, 울리지도 않은 핸드폰을 만지작거리기 시작했다.

다른 이야기로 화제 전환이 필요했다. 무슨 이야기를 하면 좋을까? 머릿속에 떠오르는 생각들 중에 하나를 끄집어내기에 애쓰고 있을 때쯤 전화기 벨이 울렸다.

부동산 사무실이었다. 이사를 위해 우리가 살고 있는 아파트를 부동산에 내놓았는데 주말에 집을 보러 온다는 전화였다. 전화를 끊고 자연스레 부동산에 관한 이야기가 시작되었다.

"이사 가니?"

"응. 이번에 코로나19를 겪으면서 주택에 살고 싶은 마음이 더 커지더라고. 그래서 주택으로 이사를 결정했지."

"좋겠네. 신축? 구축? 타운하우스?"

A는 주택으로 이사를 선택한 나에게 이런저런 질문들을 했다. 오래된 구축 주택은 가격은 저렴하지만 인테리어나 오래된 배관 문제로 선택하지 않았고, 타운하우스는 가격적인 면. 위치적인 면에서 어린 자녀를 둔 우리와는 맞지 않았다. 결론적으로 신축 단독주택을 선택했고, 아파트 생활권을 그대로 사용할 수 있는 곳에 위치한 단독주택을 구입했다.

나의 이야기를 듣고 있던 A는 "그래도 아파트가 좋지 않아? 나는 다음에 이사 가면 신축 아파트로 갈려고."라고 말을 하며 단독주택으로 이사를 선택한 나를 의아해했다.

"아파트 가격은 올라도 단독 주택 가격은 잘 오르지 않을 텐데."

"오래된 구축 주택이 모여 있는 주택단지는 재개발이나 도시정비계획 등 개발호재들이 있기도 하고, 내가 구입한 주택 단지 주위로 신축 아파트들이 지어졌고, 5분 거리에 대단지 뉴타운 사업이 진행되고 있어! 주위의 개발에 따른 지가 상승도 기대할 수 있고 서너 채 정도 신축 주택들이 있기는 하지만 대부분 오래된 구축 단독 주택들이 모여 있어서 이곳 개발도 기대할 수 있지!"

"그래도 난 신축 아파트를 선택할래!"

"맞아 선호하는 주거 환경이 다르기에 신축 아파트도 괜찮아! 우리 가족 모두가 단독 주택 생활을 원했기에 선택한 거고 너는 네가 선호하는 주거 형태를 선택하면 되는 거지!"

A는 아파트로 이사를 오기 전 오래된 구축 단독 주택에서 살아본 경험이 있었고, 그 경험이 나쁜 이미지로 남아 있었다. 쓰레기 버리는 일, 따뜻한 날이 되면 벌레들의 습격, 여름에는 덥고 겨울에는 춥고, 하수구 냄새 등… A가 주택 생활을 하면서 느낀 나빴던 경험담을 들려주기 시작했다. A가 말한 주택의 단점들은 이미 알

고 있었고 그럼에도 불구하고 단독 주택 이사를 선택할 만큼 우리가 원한 주거 생활은 단독주택이었다.

나에게는 답답한 아파트의 주거 환경이 A에게는 편리한 주거 환경이 되어줄 수 있고, A에게 불편한 단독 주택의 주거 환경이 나에게는 편안한 주거 환경이 되어 줄 수 있다.

내가 불편하다고 나의 생각이 모두 옳은 것이 아니듯 서로가 선호하는 주거 환경은 다를 수 있다.

"왜 주택으로 이사를 가?"

내가 주택으로 이사를 선택하고 지인들에게 많이 들은 말이다. 부동산 공인중개사도 말했다.

"신축 아파트로 이사를 가야지! 주택은 가격 상승이 힘들어요!"

집이란 의미가 가격 상승이 되느냐, 되지 않느냐로 결정해야 되는 것인가?

마당에서 맘껏 뛰어놀 수 있는 아이들을 보며 미소 짓는 나의 모습, 뛰지 말라고 뛰지 말라고 매일 밤 반복되는 잔소리를 듣지 않아도 되는 아이들의 편안한 마음. 대단지 아파트임에도 불구하고 매일 퇴근 후 주차 문제로 동네 한 바퀴를 돌아야 했던 남편의 주차 문제 해결. 하루를 살아도 마음 편히 살고 싶어 선택한 우리의 주거 생활 단독주택. 가격이 오르고 내리고는 상관하지 않는다. 부동산 재테크를 공부하고 소소하게 부동산 재테크를 하고 있지만 내가 살고 있는 나의 집만큼은 가격 상승과는 상관없는 우리 가족이 편안히 쉴 수 있는 곳을 선택하고 싶었다.

투자하는 주거 환경은 아파트이다. 주택보다는 아파트를 선호하는 사람들이 많고, 주택 담보 대출도 아파트가 잘 나온다. 아파트를 선호하는 사람들이 많이 있기에 매도 타임 역시 주택보다는 자유롭다. 선호하는 주거 환경이 아파트라면 투자와 주거를 분리해서 생각할 필요는 없다.

입지 좋은 곳에 위치한 아주 오래된 저층 아파트의 재건축을 기다리며 현재의 시간을 미래의 시간에 투자하고 있는 투자 방법은 나와는 맞지 않다. 나는 현재의 나의 삶이 제일 중요하다.

어느 투자자의 입에서 전해 들은 중국 할머니와 미국 할머니 이야기를 A에게 해주었다. 중국 할머니는 평생 돈을 모아 죽기 직전 본인이 사고 싶은 집을 구매한 뒤 얼마 살아보지 못하고 세상을 떠났다. 반면 미국 할머니는 주택담보대출을 이용해 오랜 기간 동안 본인이 살고 싶어 하는 집에서 마음껏 살아보았다. 두 할머니는 모두 자기 집을 가지는 꿈을 이뤘지만 집을 소유하고 그 집에서 산 기간은 다르다. 내일의 돈을 사용해 오늘의 꿈을 이룬 미국 할머니의 소비 습관은 오늘날 우리가 집을 구매하는 방법으로 자주 이용한다.

중국 할머니 미국 할머니 이야기는 장단점이 모두 있다. 미국 할머니의 투자는 리스크를 고려하지 않았다.

1997년 우리나라는 IMF 경제위기가 닥쳤다. 이때 은행들이 금리를 올리게 되면 주택담보대출 이자를 갚지 못한 사람들이 집을 싸게 시장에 내놓게 되고 수요보다 공급이 넘쳐나는 주택 시장의 주택 가격은 하락하게 된다. 만약 미국 할머니가 우리나라와 같은 IMF 경제위기를 겪는다면 주택담보대출로 산 집의 은행이자를 내지 못해 집이 경매에 넘어가게 된다. 하지만 중국 할머니는 현금을 비축하고 은행에 돈을 빌리지 않고 순수 본인 자금으로 경제위기에 쏟아져 나온 저가 주택들을 싸게 구입할 수 있는 기회를 얻을 수 있다.

투자에는 정답이 없다. 누구도 집값이 오르고 내릴 것이라고 정확히 말할 수 없다. 전체적인 주택 시장과 경제의 흐름으로 예측할 뿐이다.

주식 기초부터 공부를 시작하다

주식 투자자들은 말한다.

'무릎에서 사고 어깨에서 팔아라.'

이 말은 주식을 적당한 가격에 사서 적당한 가격에 팔아야 한다는 거다. 말이야 쉽지 행동하기에는 결코 쉽지 않다. 내가 팔면 왠지 가격이 더 상승할 것 같아 매도를 머뭇거리고, 내가 사면 더 가격이 하락 할 것 같아 매수를 하지 못한다.

주식을 처음 매수하는 날. 오직 나의 직감만으로 내가 사고자 하는 주식들을 샀다. 회사의 재무제표가 어떤지?

주식 차트의 이동평균선이 어떤지? 회사의 다음 분기 매출 이익이 어떤지? 전혀 고려해보지 않고 나의 직감대로 주식을 매수했다. 내가 매수한 회사들은 누구나 알고 있는. 그 나라를 대표할 만큼 탄탄한 기업을 선택했기에 내가 굳이 그 회사들의 재무제표를 조사하고 공부하고 할 필요가 없다고 생각했다. 검색어 하나면 유튜브에서든, 블로그에서든 내가 알고자 하는 내용들을 상세히 알려주고 있었기 때문이기도 했다.

나의 주식 재테크는 분기마다 통장에 입금되는 배당금 수익을 받으며 장기 투자로 주식의 가치 상승이 목적이다.

10년 뒤, 20년 뒤 나의 주식들이 스스로 일해서 지금 보다 몇 배의 돈의 가치를 가지게 될 것이라는 희망을 가지고 주식투자에 입문했다.

아이들의 용돈, 쓰지 않는 물건들 판매금액, 한 달 식비 절약으로 남은 생활비 일부, 기념일 날 선물 대신 받은 현금 등 소소하게 모은 푼돈들을 종잣돈 통장에 넣어 한 달에 한번씩 아이들 주식과 나의 주식을 매수했다.

주식을 매수하는 시점은 어느 정도의 주식을 매수할 수 있는 종잣돈이 모이는 시점이었다. 주가의 하락장 상승장은 나에게 의미가 없다고 생각했다. 주식을 파는 시점은 지금 주식의 상승장 보다 몇 배의 가격이라고 믿고 있었기에 몇 백 원, 몇 천 원정도 올라도 매수할 시점이 오면 그냥 주식을 매수했다. 100만 원으로 매수하고자 하는 주식을 매수하면서 어느 달은 20주가 넘는 주식을 매수하기도 하고, 어느 날은 같은 주식을 17주도 사지 못하는 달이 있었다.

"이번 달은 100만 원 치 주식을 샀어!"

"다음 달은 150만 원 치 주식을 사야지!"

정말 왕 초보적인 생각으로 주식 투자를 하고 있었다.

몇 만 원의 주식을 사는 것이 중요한 것이 아니라 몇 주의 주식을 사는 것이 더 중요하다는 것을 같은 돈으로도 주식 매수 수량이 달라지는 것을 경험하고 나서 알았다.

주식투자에서 기술적인 투자 공부는 중요하지 않다고 생각했는데 어느 정도의 지식은 있어야 된다는 것을 몇 번의 시행착오를 겪고 알았다. 직접 겪어 보지 않아서 책에서 알려주는. 전문가가 말해 주는 이야기에만 집중해 있었다. 기초적인 주식 용어부터 차근차근 공부를 시작했다.

1. 골든크로스

: 단기 이동평균선이 중장기 이동평균선을 급속히 상향 돌파할 때 나타나는 모양.

: 매수 타이밍. 특히 주가가 바닥일 때 나타나면 적극 매수

: 5일 단기이동평균선이 20일 이동평균선 아래에 위치하다가 이를 돌파하는 시점. 이때가 골든크로스 매수시점.

2. 데드크로스

: 단기 이동평균선이 중장기 이동평균선을 급속히 하향 돌파할 때 발생하는 모양

: 5일 단기 이동평균선이 20일 이동평균선 위쪽에 쭉 위치하다가 교차하며 아래로 하향 돌파하는 시점. 이때가 데드크로스, 매도 시점

모든 골든크로스가 다 매수시점도 아니고, 모든 데드크로스가 다 매도 시점이 아닐 수 있다.

강세시장에서의 데드크로스는 상승추세 속에서의 조정기가 될 확률도 있으므로 오히려 매수시점(이를 역 데드크로스라고 한다.)

약세시장에서 나타나는 골든크로스는 오히려 매도 시점이 되는 경우가 있다. (역 골든크로스)

주식 용어에 대해서 공부를 하고 주식의 매수시점, 매도 시점이 될 수 있는 차트 보는 방법들을 공부했다. 같은 돈으로도 몇 주의 주식을 더 살 수 있는 매수 시점을 보는 눈을 키우기 위해 매일 주

식차트를 보고 있다.

한 달에 한번 씩 무조건 주식을 매수해야겠다는 생각은 벗어던 져 버렸다. 내가 사고자 하는 주식의 가격 변동폭과 전체적인 주식의 흐름을 볼 수 있는 눈과 직감을 키우는 공부가 우선이 되어야 한다.

코스피, 코스닥 지수가 하락하면서 내가 사고자 하는 주식의 가격이 하락하는 것을 보고 내가 보유했던 금액만큼의 주식을 모두 사버렸다. 더 이상은 가격이 하락하지않을 거라는 주식 전문가들의 말에. 몇 주 동안 주식의 상승 차트를 보면 하락은 없을 거라고 생각했다. 하지만 다음 날 가격은 조금씩 하락과 상승을 반복했다.

가격이 더 하락할 것이라고 예상이 되는 주식 시장이었다면 조금씩 분할 매수해야 된다. 52,000원에 올 매수했던 주식은 지금 50,000원까지 하락하기도 했기에 분할 매수를 했더라면 지금 주식 수량보다 더 많은 주식을 보유할 수 있었다. 직접 경험해보고 느끼면서 부족한 부분은 공부하고 채워가고, 넘치는 부분은 덜어내면서 주식투자를 하고 있다.

다양한 정보들이 오히려 판단을 흐릴 수 있다. 사공이 많으면 배가 산으로 간다는 속담이 있지 않은가. 주식 공부도 중요하지만 여러 정보들을 걸러낼 줄 아는 현명한 안목을 키우는 것 역시 중요하다.

ETF 투자를 시작하다

ETF 투자를 시작했다. 조금은 느리게 천천히 가는 투자 공부를 시작했다. 등락률이 오르락내리락하는 주식 시장 주가를 보고 있으면 감정도 오르락내리락 요동을 쳤다.

처음 주식 공부를 시작할 때는 내가 생각한 대로 내가 선택한 대로 주가가 따라와 주는 것만 같았다. 자만심이 가득했다. 내가 생각한 방법이 맞다고 고집을 부리며 시장의 흐름을 무시했다. 오만하고 자만했던 나의 생각들이 나의 종잣돈을 모두 마이너스 주식 계좌에 가둬 버렸다. 아주 큰 자물쇠를 채워 버렸다.

ETF의 가장 좋은 장점 중에 하나는 분산투자이다. 2차 전지 산업이 미래 산업인 것을 알겠는데 한 주당 가격이 너무 높고, 주가

변동률 폭도 큰 편이라 쉽게 주식을 매수할 수 없었다. 하나쯤 나의 주식 계좌에 편입해 보고 싶었지만 넉넉하지 않은 종잣돈으로 1주도 구매하기가 버거웠다. 주식 공부를 하면서 시간이 없고, 종목 선택이 어렵다면 ETF에 먼저 투자하라는 전문가들의 조언이 있었다.

ETF는 전문가들이 구성해 놓은 10개 이상의 종목들을 한 번에 투자할 수 있다. ETF 운용사 홈페이지에 들어가면 종목 설명과 ETF 정보를 볼 수 있다. 나는 줄곧 미래산업 2차 전지에 관심이 있었기에 TIGER와 KODEX 상품을 검색해서 보았다. 우리나라 대표 ETF 운용사 중 2개의 회사 상품을 검색해 ETF에 대한 기초 정보들을 먼저 눈에 익혀 보았다. 처음 시작은 뭐든지 새롭고, 불안감이 공존한다. ETF가 좋은 것은 알겠는데 언제 어떻게 어떤 종목을 선택해야 하는지 그것이 문제였다.

ETF 정보는 우리가 사용하고 있는 증권 앱을 통해서도 간단한 정보를 확인할 수 있다. 주식 종목 호가창을 보듯 ETF도 호가창을 이용해 등락률을 확인하고, e종목 정보를 클릭해 ETF 종목의 정보를 확인할 수 있다. NAV는 ETF의 본질 가치이다. 추적오차는 ETF가 얼마나 기초자산의 상승률과 하락률을 잘 따라가고 있는지 나타내는 지표로 0에 가까울수록 좋은 ETF이다.

ETF는 주식 투자보다는 천천히 조금은 느리게 가는 투자이다. 당장 내가 원하는 수익을 얻을 수 있는 것은 아니다. 조금은 오랫동안 1년 이상을 바라보고 투자를 해야 한다. 적금을 넣듯 조금씩 매수해야 한다.

금 투자를 시작하다

　순금을 사기 시작했다. 금은 액세서리였다. 디자인에 따라, 보석의 크기에 따라 금을 선택했었다. 디자인이 들어가고 보석이 박히면 금의 가격은 올라간다. 하지만 금을 살 때 가격은 올라가지만 팔 때 가격은 내려간다. 화려하면 화려할수록 금 액세서리 가격은 올라갔다. 금 액세서리를 구매할 때는 금을 디자인하는 세공비를 지불해야 한다. 큐빅이나 보석이 박히면 그 가격 또한 지불해야 한다. 패션에 중점을 둔 금 구매라면 아무 상관이 없다.

　하지만 나는 금 재테크를 시작하기로 한 이상 불필요한 금액의 지출은 막아야 했다. 최대한 세공비를 아끼고 액세서리 금보다는 재테크 금을 구매하기로 했다.

재테크 금이란 최대한 세공비가 들어가지 않는 덩어리 금을 구매하는 것이다. 아무런 손질이 되지 않는 금을 구매하면 세공비를 아끼면서 온전히 금 가격만 지불할 수 있다. 재테크를 시작하면서 어느 하나의 재테크에 머물러 있지 않기로 했다. 아주 작은 계란 바구니지만 계란을 여러 곳으로 나눠 담기로 했다.

소소하게 시작하는 나의 재테크는 작은 금액부터 천천히 소소하게 시작했다. 천 원, 이천 원을 모아 만 원, 이만 원을 만들고 그 다음은 이십만 원, 삼십만 원 그다음은 이백만 원, 이천만 원을 만들었다. 시간은 다소 걸릴 수 있지만 느리게 천천히 가는 나만의 재테크이다. 기록하지 않으면 잊어버릴 정도로 지루한 나의 재테크지만 나는 나만의 방법이 나에게는 최선의 좋은 방법이라고 생각한다. 내가 할 수 있는 재테크부터 조금씩 천천히 시작하는 것이다.

돈이 없어서. 시간이 없어서 시작조차 해보지 못하는 것보다, 내가 할 수 있는 것부터 소소하게. 천천히 하다 보면 시간의 복리가 생각보다 커다란 결실을 가져다준다.

금 투자 역시 나만의 방식대로 시작하기로 했다. 아직은 1g의 작은 금부터 시작하지만 이 1g의 금이 10g, 100g이 되는 날이 반드시

올 것이다. 일단 행동할 수 있는 시작이 중요하다. 올해 초부터 시작한 나의 금 투자는 벌써 5g이 넘어가고 있다. 1g의 작은 금덩이가 한 해를 마무리 하고 있는 시점에 5g이 되었다. 누군가에게는 아주 작은 것일 수 도 있다. 하지만 이 작은 것들이 모여 큰 덩어리가 된다는 것을 잊으면 안 된다.

아무것도 안 하는 것보다 뭐라도 하면 뭐라도 될 수 있다. 소소하고 작다고 지나치지 말고 그것들을 하나둘 채우다 보면 나도 모르게 커져 있는 결과물을 확인할 수 있을 것이다.

소소한 수익 예적금

한은에서 기준금리를 인상하면서 저축은행의 고금리 상품들이 속속 등장하고 있다. 부동산 시장은 수많은 규제들과 얼어붙은 매수심리에 가격이 하락과 보합을 유지 중이다. 주식시장은 미국 연방준비제도의 긴축 우려와 우크라이나발 지정학적 위험까지 고조되면서 외국인을 중심으로 폭탄 매물이 쏟아졌다. 코스피 2500(2023.11월 기준)선도 위태로운 상태다. 혼란스러운 재테크 종목에서는 잠시 멈추거나 관망의 자세가 필요하다. 위험을 방어할 수 있는 힘과 지혜가 있다면 문제가 되지 않지만 부린이(부동산어린이), 주린이(주식어린이) 재테크 초보자들이 견뎌 내기에는 시장의 혼란이 위태로워 보인다. 계란을 한 바구니에 담지 말라는 워런 버핏의 말처럼 재테크 종목을 분산해서 투자해야 한다.

저축 은행 적금 상품 중 7%의 이자를 제공해 주는 적금에 가입했다. 가입은 1월 한 달 동안 매일 선착순 777개의 상품 만을 가입할 수 있다. 10시부터 가입 신청을 받고 10분이 안 되어서 마감되는 날도 많았다. 나 역시 3일 동안 시도해 가입할 수 있었다. 최대 20만 원까지 금액 제한이 있고, 기간은 7개월 만기이다. 금액과 기간 한정이 아쉽기는 했지만 다른 면에서 보면 짧은 기간 동안 목돈을 만들 수 있는 절호의 기회이기도 했다. 5천만 원까지 예금자 보호가 되니 안심하고 적금에 가입할 수 있었다.

주식시장이 하락하고 있지만 언제 가는 다시 오를 것이라고 믿고 있기에 기다려 본다. 내가 매수한 회사의 주식들은 다들 미래의 먹거리에 투자하고 있는 회사이기에 미래가 있다면 회사의 성장은 문제 되지 않는다. 지금의 주식시장은 기다림이 필요하다.

많은 전문가들이 노동 소득을 멈추지 말라고 말하고 있다. 시드머니가 없는 사람들에게 노동 소득은 시드머니를 만들어 주고 있다. 주식시장이 하락장을 헤매고 있는 이 시점에 노동 소득이 없다면 리스크를 감당할 수 있는 방패막이 사라지는 것이다. 경제적 자유를 빨리 얻고 싶다면 노동 소득을 늘려 투자를 병행해야 한다.

마음 단련 책을 읽으면서 재테크의 기준이 조금씩 달라지고 있다. 누구나 바라는 대단지 신축 아파트에서 살기 위해서. 돈을 많이 벌어 마음껏 여행을 하며 살기 위해서. 지금 당장 내가 누릴 수 있는 행복을 포기해야 한다는 것이 나의 재테크를 멈추게 만들었다. 집은 내가 편안히 쉴 수 있는 공간이 되어야 한다. 사람들의 기준에 맞추어 살 필요가 없었다. 아파트 생활은 나에게 맞지 않았다. 층간소음에 매일 밤 스트레스를 받고, 마음껏 뛰어놀아야 할 아이들을 집안에 가둬 움직이지 못하게 해야 했다. 아이들도 나도 행복하지 않은 아파트 생활에서 벗어나 주택으로 이사를 선택한 것은 최고의 선택이었다. 사람들은 말한다.

집값의 오름폭도 낮고 매매도 잘 안 되는 주택으로 이사를 왜 선택했냐고 말이다. 나는 말한다. 지금 당장 내가 누릴 수 있는 행복이 중요하다고. 집은 돈이 아니라 내가 편안히 살아갈 수 있는 공간이라고 말이다. 내가 생각하는 집은 그렇다.

이번 재테크는 은행 예적금이었다. 소소하게 천천히 하는 나의 재테크는 멈추지 않는다. 잠시 쉼이 필요한 순간은 숨 고르기를 하고 다시 천천히 걸어 나간다. 처음부터 너무 먼 곳을 바라보고 시작했다. 이제는 그것이 길이 아니라는 것을 알았다. 나만의 재테크로 소소하게 천천히 걸어가는 길이 나의 길이라는 것을.

적금이자 계산

　　○○은행에서 아이들 적금 통장을 개설하면 띠도장을 무료로 만들어 주는 이벤트를 진행했다. 주택 청약통장을 추가 개설하면 현금처럼 쓸 수 있는 포인트 2만점도 추가 증정해 준다고 했다. 최고 20만 원까지 납입 가능하고 1년 만기 상품으로 연6%이자를 제공해 주는 상품이었다. 그때 당시만 해도 은행 적금 이자가 높은 편이 아니었다. 그동안 아이들이 받은 세뱃돈과 주식 배당금, 기타 아이들의 수익을 모아 놓은 입출금 통장을 들고 은행으로 향했다. 아이들 띠 도장은 인터넷에 미리 신청해 놓았고, 신청 후 2주뒤에 지정해 놓은 은행 지점으로 띠 도장이 도착했다는 연락을 받았다.

은행에서 아이들 통장을 개설하기 위해서는 서류 몇 가지가 필요했다.

자녀 통장 개설 시 필요한 서류
가족관계증명서
상세기본증명서(아이 기준)
보호자 신분증
아이들 도장

아이들 통장 개설에 필요한 서류들을 은행 직원에게 제출하고 매달 20만 원에 연 6% 이자를 제공해주는 적금을 들었다. 통장 개설에 소요된 시간은 대략 40분 가량이었다.

아이들 입출금 통장과 적금 통장 그리고 주택 청약 통장을 동시에 만들어야 했기에 다소 시간이 걸렸다. 아이들의 띠가 조각되어 있는 띠 도장은 고급스러웠다.

그리고 1년 뒤 은행에서 아이들 적금이 만기되었다는 연락을 받았다. 아이들의 만기 된 적금을 타 은행으로 이체 시 역시 통장 개설 때처럼 서류가 필요했다. 가족관계증명서와 상세기본증명서(아이들기준), 신분증과 아이들 도장을 가지고 은행으로 향했다. 매달 납입되는 청약 통장도 해약하고, 만기 된 적금과 아이들 입출금 통장에 있던 총 금액을 나의 입출금 통장으로 이체했다. 모든 업무가 끝나고 집으로 돌아왔다.

집으로 돌아와 아이들 적금 통장과 지급된 이자를 확인해 보았다. 그런데 잠깐, 내가 생각했던 이자 금액이 아니었다. 내가 생각했던 이자 금액보다 대략 50%만 이자 금액으로 지급되어 있었다. 이게뭐지? 라는 생각에 바로 은행 고객센터로 전화를 걸었다.

"제가 생각했던 적금이자 금액이 아니라 확인하고 싶은 게 있어 전화를 드렸습니다. 연이자 6%의 상품이라면 1년 동안 납입 금액 20만 원 x 12 하면 240만 원이고 240만 원에 대한 이자가 세전 144,000원이어야 하지 않나요?"

"네. 고객님. 고객님이 가입하신 상품은 적금 상품이시구요. 고객님께서 계산하신 방법은 정기 예금 이자에 대한 방법인 것 같습니다. 적금 이자는 매달 제공되는 이자율이 다릅니다. 첫달 납임금 20만 원에는 고객님이 말씀하신 6%의 이자 12,000원이 지급됩니다. 그리고 2회 차 납입금 20만 원 대한 이자율은 11개월에 대한 이자율 계산이 이루어지고 약 11,000원의 이자가 지급됩니다. 예치 기간이 줄어들수록 20만 원에 대한 이자율도 줄어들게 되는 겁니다. 좀 더 자세한 설명을 드려야 하는데 전화 상담으로는 한계가 있어 여기까지 밖에 설명을 드릴 수 없는 점 양해 부탁드립니다."

"아! 적금 이자율 계산 방식과 정기 예금 이자율 계산 방식이 다른지 몰랐어요. 이제야 알았어요. 감사합니다."

○○은행 상담원의 친절한 설명에 40년 만에 알게 된 적금에 대한 이자율 계산 방법. 간혹 포털 사이트에 이율 높은 적금 상품에 적힌 댓글을 볼 때 마다 고개만 갸우뚱 했었다. 눈속임 '소비자우롱' 7% 적금보다 5% 정기예금이 어쩌면 더 나을지도 등등 그 당시에는 이해할 수 없었던 댓글이 그제야 '아~ 그렇게 생각할 수도 있겠구나.' 라는 생각이 들었다. 사람들마다 추구하는 돈 관리 방법이 다르니깐. 이자율 계산을 잘못해서 생각했던 것보다 낮은 이자 금액을 받아서 조금은 아쉬웠지만 그래도 1년 동안 모아온 푼돈이 목돈이 되어 돌아온 것에 만족했다. 만기된 아이들 적금과 청약 통장 해약금을 모아 1년 만기 4.5% 정기예금에 넣어두었다. 1년 뒤 이자는 세전 31만 오천 원이었다.

경험하지 않았으면 몰랐을 일이었다. 그동안 수많은 적금을 들어왔으면서도 왜 한 번도 적금 이자 계산에 대해 의문을 품어 보지 않을까. 그때의 나는 이자율보다는 목돈을 만들기에 집중해 있어서는 아니었을까. 적금은 푼돈들을 모아 목돈으로 만들어 준다. 한 달 10만 원을 절약해 적금으로 차곡차곡 쌓다 보면 1년 뒤 통장에는 120만 원 그다음해는 240만 원 그 다음 해는 360만 원. 매년 통장의 금액은 불어나고 그 돈은 새로운 시작을 꿈꾸는 사람들의 시드머니가 되어 준다. 나에게 그랬던 것처럼.

적금이자 계산은 이렇게

매달 20만 원씩 1년(12개월)에 연10%의 적금에 가입했다면, 1개월차 금액 20만 원을 은행에 불입하게 되고 은행이 20만 원을 12개월 보관하게 된다. 그 다음 달 2개월 차 20만 원을 납입하면 은행은 11개월 동안 보관하게 된다. 보관해야 하는 개월 수가 점점 줄어들면서 이자율도 줄어드는 것이다.

ex) 1개월(회차) : 200,000x10%*(12/12)=20,000원

2개월(회차): 200,000x10%*(11/12)=18,333원

.

.

12개월(회차) : 200,000x10%(1/12)=1,667원

20만 원씩 연10%적금에 대한 이자 =130,000원

적금 이자에 발생하는 이자는 이자 소득세 14%+지방소득세 1.4%를 합한15.4%를 부과한다. 13만 원에 적금이자에 발생하는 이자를 뺀 나머지 금액 109,980원이 최종 적금 이자로 지급된다.

우리가 은행에 돈을 맡기면 은행은 그 돈으로 돈이 필요한 사람들에게 대출을 해주고 대출이자 수익을 얻는다.

고객의 돈으로 일정 기간 수익을 얻었으니 감사함의 표시로 예치 기간에 따라 이자를 지급해 주는 것이다. 매달 20만 원 씩 6개월에 연 15% 적금 상품도 본 적이 있다. 적금에 대한 이자율만 보면 혹하는 상품이지만 15,000+12,500+10,000+7,500+5,000+2,500=52,500(X 15.4%=44,415)

흔히 우리가 예상하는 적금 이자 이율은 만기 시 납입한 총 금액에 제공해 주는 이자율을 곱해왔다. 작년 은행 예금 금리가 상승할 때 은행에서는 정기 예금 상품에 대해서도 높은 이자율을 제공해 주기도 했다. 120만 원 1년 거치 연15%의 이자를 제공 해주는 상품이라면 1년 뒤 예금 만기 시 이자에 대한 세금을 제외한 금액 152,280원을 이자 금액으로 지급한다. 하지만 은행 금리 하락으로 지금은 찾아보기 힘들다.

정기 예금 1,200,000*15%=180,000(*15.4%=152,280)

돈을 어떻게 쓰는가

아는 엄마들과의 점심식사 시간을 가졌다. 오랜만의 만남이었다. 평소와 같이 아이들의 이야기로 대화는 시작되었다. 언제부터인가 나는 엄마들과의 대화에서 아이들 이야기, 남편 이야기에는 흥미가 사라졌다. 내가 자주 엄마들 모임에 나가지 않는 이유 중하나이기도 하다. 매번 비슷한 이야기가 도돌이표처럼 돌아오는 대화는 금세 식상해졌다. 아는 엄마들과 친하게 지내게 된 이유가 아이들 육아 이야기였는데 이제는 그런 이야기들을 나눌 때면 휴대전화를 한없이 쳐다보거나 딴생각에 잠겨 있는 경우가 많다.

예전과 비슷한 전개로 흘러갈 것 같은 엄마들과의 대화는 그렇게 길지 않았다.

"요즘 주식해?"

B가 주식에 관한 이야기로 대화의 화제를 바꿔 놓았다. 나 역시 주식이라는 이야기에 의자에 바짝 기대어 있던 몸을 일으켜 테이블에 팔꿈치를 지지대 삼아 B와의 대화에 동참할 의지를 보였다.

"나도 여윳돈으로 주식 조금 사놓을까 생각 중인데. 혹시 주식 하는 사람 있어?"

"나 주식하잖아요! 그때도 같이 하자고 말했었는데."

주식 재테크를 시작하기 6개월 전 아는 엄마들과 식사 자리에서 조금씩 소량으로 주식을 사자는 이야기를 했었지만. 나의 이야기는 그들의 귀에 와닿지 않았다. 주식과 재테크에 관한 이야기보다 아이들 이야기와 일상 이야기가 대부분이었다.

식사가 끝나고 티타임 시간을 가졌다. 주식 이야기는 계속 이어졌다.

주식을 처음 시작하는 사람이 제일 먼저 해야 할 것

1. 증권 회사 앱을 다운로드한다

증권 회사 선택은 개인 취향이다. 내가 사용 중인 증권 회사 앱은 3가지. 해외 주식과 아이들 주식을 관리하는 신한투자증권, 국

내 주식을 관리하는 한국투자증권, 중단기 매매를 관리하는 키움 증권, 이렇게 세 가지 증권 회사 앱을 사용하고 있다. 6개월 동안 각자의 증권 앱을 사용해 본 결과 키움 증권 앱이 초보자가 사용하기에 손쉽게 되어 있어 아는 엄마들에게 추천해 주었다.

2. 주식 매수 종목과 매매 금액 설정

어떤 주식을, 얼마의 금액으로, 어느 정도의 기간까지 가지고 있을 것 인가를 미리 생각해서 매수 버튼을 클릭해야 한다. 10년 뒤에. 20년 뒤에 찾을 목적으로 높은 금액으로 매수를 하는 것보다 조금은 장의 흐름을 지켜본 뒤 상승 가능성과 하락 가능성을 따라 매수 버튼을 클릭해야 한다.

3. 장기투자라면 주가의 오르고 내리는 것에 집착하지 않는다.

처음 주식을 매수할 때는 장기투자라고 생각하고 매수했던 주식이 하락할 경우 하루 종일 일이 손에 잡히지 않는다. 계속 증권 앱을 보면서 불안해한다. 장기투자라고 생각했다면 나의 선택을 믿어본다. 내가 선택한 우량기업의 미래 가치를 믿고 주가의 변동성을 신경 끄고 살아야 한다.

이제껏 주식을 사고팔면서 느꼈던 감정과 처음 주식을 시작하면서 해왔던 과정들을 아는 엄마들에게 알려주었다. 똑같이 할 필요는 없지만 이렇게 해보니 괜찮은 것 같다는 생각으로 나의 주식 투자기를 이야기 했다.

"야! 주식 투자할 돈이 어디 있냐? 돈 나올 구석이 없다!"

E는 주식할 돈이 없다며 재테크와는 담을 쌓고 살고 있다. 매번 돈이 없다고 말하는 E와 나의 한 달 생활비를 비교하면서 이야기를 시작했다. E는 나의 남편이 생활비를 많이 주고, 남편이 돈을 잘 벌어서 이렇게 재테크를 할 수 있다고 말했다. 남편이 돈을 많이 벌고, 생활비도 많이 주었다면 나는 재테크를 시작하지 않았을 것이다.

E의 한 달 현금 생활비 : 120만 원
나의 한 달 현금 생활비 : 100만 원

현금으로 받는 생활비는 E보다 내가 더 적었다. 고정적으로 나가는 보험료, 통신비, 아파트 관리비, 각종 세금은 E와 나 모두 카드 자동 이체로 납부를 하고 있었다.

E의 대부분 현금 생활비는 식비로 지출된다고 했다. 나는 현금 생활 비중 50%가 식비로 지출하고 있다. 그리고 E는 아이들 학습지 비용과 학원비로 50만 원 정도 지출 하고 있었다. 나 역시 한 달 전부터 아이들 학원비로 19만 원 추가 지출이 발생했다. 그동안 아

이들 학원과 학습지를 모두 중지하고 그 돈으로 아이들 주식을 샀다.

E와 내가 주식 재테크를 할 수 있는 돈이 있고 없고의 차이는 돈을 어떻게 쓰는 가에서 원인을 찾을 수 있다.

나는 한 달 식비를 반으로 줄였고, 아이들 학원비와 학습지 비용을 절약하면서 시드머니를 만들었다. 절대 남편의 수익이 더 많은 것도, 한 달 생활비가 넉넉한 것도 아니었다. 어떻게 지출을 관리했는지에 따라서 한 달 저축 금액이 달라진다.

처음 종잣돈을 모을 때는 생활비에서 쓰고 남은 금액을 모두 통장에 저축했다. 한 달 저축 금액을 정해놓지 않고 닥치는 대로 남으면 저축을 하고, 생활비가 남지 않으면 저축을 하지 못했다. 이런 나의 저축 방법은 시드머니가 불어나는 기간도 길어졌다.

나는 3개월 동안의 변동지출내역 평균을 구해 보았다. 한 달 식비와 아이들 간식비, 의류 사용비, 학원비 등 고정적이지 않고 매번 바뀌는 지출의 평균을 구하고, 절약할 수 있는 부분은 더 절약하면서 한 달 고정적으로 최소 30만 원 저축을 하기로 결정했다. 생활비에서 저축 금액 30만 원을 제외하고 70만 원에서 식비와 아이들 학원비 등을 지출했다. 소액이지만 두 달에 한 번 씩 네이버

애드포스트 광고비를 받게 되거나, 중고 물품 판매 대금과 같은 부가적인 수익도 발생해 주면서 부족한 생활비를 조금씩 충당할 수 있었다.

"한 끼 반찬 수만 줄여도 한 달에 10만 원 정도는 절약할 수 있어요!"

나는 E에게 식비를 조금 줄여서 저축할 수 있는 방법을 나의 경험을 예를 들면서 말해 주었다. E는 불가능하다고 말했다. E의 아이들이 먹는 양과 우리 집 아이들이 먹는 양에서 차이가 나기도 하고, 지금 식비도 줄이고 줄여서 이 정도라고. 더 이상 줄일 수 있는 금액이 없다고 말했다. 추가적으로 들어오는 수익도 없고, 각종 기념일에는 현금보다는 선물을 받는 게 더 좋고, 아이들 학원도 꾸준히 보낼 생각이라고 말했다. E는 지금 생활에서 조금의 변화도 허용되지 않았다.

돈을 벌고 싶다면 돈을 벌겠다는 결심부터 해야 한다. 부자가 되고 싶다면 부자가 되겠다는 결심부터 해야 한다. 결심이 서 있지 않은 사람들에게 부자가 될 수 있는 방법들을 아무리 이야기해도 소용이 없다. 제일 중요한 것은 지금의 생활에 만족하고 있는 사람에게 돈을 벌 수 있는 방법에 관한 이야기는 휴지 조각에 불과하다. 나는 아직도 서점에 가면 재테크 서적에 손이 먼저 간다. 하지만 돈에 관심이 없는 남편은 건강에 관한 서적이나 만화책을 선택한다.

서로 다른 관점에서 돈의 모습이다. 서로가 선호하는 책이 다르듯. 돈의 모습도 서로의 선호도가 달랐다. 나는 한 끼 반찬 수에 신경 쓰지 않고 그 돈을 아껴 저축을 하는 돈의 모습을 바라보고 있었고, E는 한 끼 반찬 수에 신경을 쓰며 가족들이 맛있게 먹는 행복한 돈의 모습을 바라고 있었다. 서로가 바라보는 돈의 모습이 다를 뿐 옳고 그름은 없었다.

소소하게 재테크를 시작하면서 여러 지인들에게 돈에 대한 질문을 많이 받아왔다. 그럴 때마다 돈을 모으는 방법과 내가 했던 소소한 재테크들을 말해 주지만 대부분의 사람들의 대답은 "나는 그렇게 못해! 돈 나올 구석이 없어!"라고 말을 했다. 힘이 쭉 빠졌다. 나에게 질문한 지인의 의도가 무엇인지. 의문이 생기기도 했다. 이번 E와의 대화에서도 같은 감정을 느꼈다. 허무함. 허탈함. 공허함.

돈이 있어서 재테크를 시작한 사람들은 없다고 생각한다. 돈이 없기에. 조금 더 풍족한 삶을 위해 저마다 재테크를 하고 있는 것이 아닌가. 들어오는 돈이 한정되어 있다면. 부수적인 수입이 없다면. 나가는 돈을 잡을 수밖에.

남편의 빚 천만 원을 갚아 주었다

세를 주고 있는 아파트 임차료 1년 치가 입금되었다. 감사하게도 세입자 분께서 어차피 내야 할 돈 1년 치를 한꺼번에 주는 게 좋을 것 같다고 했다.

예전에 '삼성전자 우'의 주가가 상승함에 따라 일정 부분 매도한 금액과 월세 금액으로 천만 원이라는 목돈이 통장에 생겼다. 소소하게 해왔던 나의 재테크로 직접 일하지 않고 천만 원을 벌었다. 돈이 스스로 일을 하게 해서 만들어 낸 수익이었다.

소형 아파트를 구매해 월세를 주기로 했을 때 많은 사람들이 부정적인 시선으로 나를 바라보았다.

"월세 주기 쉽지 않다. 들어오는 돈보다 나가는 돈이 더 많다. 매번 수리해달라고 이리저리 불려다닐 자신이 있느냐. 몸 상하고 돈 버리는 게 월세 주는 거다." 등등 부정적인 말들로 나의 소형 아파트 투자를 반대했던 사람들이 많았다. 가까운 지인에서부터 한 다리 건너 건너 아는 사람들까지 모두들 나의 투자에 부정적이었다.

세상에 공짜는 없다는 말이 있다. 쉽게 돈 버는 일은 없다는 말이 있다. 소형 아파트를 구매해 인테리어에서부터 월세 세팅까지 마치면서 절실히 느낄 수 있었다. 무엇보다 주위의 시선들이 나를 너무 힘들게 했다.

"봐라! 내가 뭐라고 했냐! 그렇게 될 줄 알았다! 월세 주는 게 그리 호락호락한 일이 아니다! 네가 저지른 일 네가 다 알아서 해라! 나한테 일절 말도 하지 마라! 다 네가 알아서 해!!"

인테리어 업자들과의 문제가 힘들었던 것보다 주위 사람들의 부정적인 말에 더 힘들었다. 세입자의 불만 섞인 말들보다 주위 사람들의 무관심이 더 힘들었다.

혼자서 허둥지둥 일을 처리하고, 어디 하나 기댈 곳 없는 외로운 시간을 버티고 버텼다.

문제에는 꼭 답이 있다.

문제가 있으면 답은 꼭 있다는 말에 그 답을 찾고자 노력했다. 아는 사람도. 아는 지식도 없었던 나는 무작정 인터넷 검색을 했다. 내가 할 수 있는 최선의 선택이었다. 세탁기를 놓을 자리가 없어 세입자 분과 언성이 높아질 때도 인터넷 검색을 통해 알게 된 타공 수리기사의 조언대로 세입자 분과 원만히 해결을 할 수 있었다. 갑자기 새시 교체를 원했던 세입자의 요구도 인터넷 검색으로 알게 된 새시 기사님께 일반적인 새시 교체 비용보다 더 저렴한 금액으로 새시를 교체할 수 있었고 50만 원이 넘는 안전바는 서비스로 설치해 주셨다. 해결될 것 같지 않았던 일들이 생각지도 못한 좋은 사람들과의 인연으로 잘 해결되었다.

　모든 문제를 스스로 잘 해결했음에도 불구하고 나는 여전히 세입자의 전화번호가 뜬 전화벨이 울리면 마음이 흠칫 놀라곤 한다. 세입자의 요구 사항에 대한 걱정보다 주위 사람들의 부정적인 말과 평가가 더 두려워서였다.

　날카롭고 차가운 사람들의 말이 아직도 생생하게 마음속에 살아 숨 쉬고 있다. 잊어버리고 싶은데 그러지 못하고 있다. 그냥 자연스레 기억에서 사라지기를 나는 기다리고 있다. 이 모든 시선과 말들이 나의 투자에 대한 대가라고 생각하며 그냥 무덤덤해지기를 바라고 있다.

주식을 하겠다고 지인들에게 말을 했을 때 역시 부정적인 시선들이 가득했다. 지인들에게 주식은 패가망신 하는 지름길이라는 이미지가 깊게 새겨져 있었다. 그런 주식을 내가 한다고 했으니.

"집에서 집안 일하는 주부가 뭘 안다고 주식을 하냐고. 일명 주식 전문가라는 사람들도 있는 돈 없는 돈 다 잃고 빚더미에 앉은 사람들이 널리고 널렸는데. 내 주위에 주식해서 돈 벌었다는 사람 한 명도 못 봤어!"

"저는 소소하게 작게 할 생각이에요. 누구나 알고 있는 우량 기업 위주로 안전하게 할 거니깐 걱정하지 마세요."

"뭐, 그 사람들은 그걸 몰라서 안 했을까?"

"……."

더 이상 내가 할 수 있는 말은 없었다. 여전히 나의 투자는 인정받지 못하고 있었다. 부동산 재테크를 할 때도 혼자 꿋꿋이 잘해 왔으니 주식도 나의 생각대로 시작했다. 그리고 '삼성전자 우' 주식을 산지 5개월 만에 300만 원의 수익이 생겼고, 1차적인 매도를 진행했고, 가격이 다시 하락할 때 다시 매도한 만큼 다시 주식을 매수했다.

그렇게 삼성전자 우 주식을 매도함으로써 현금 수익 300만 원과 아파트 월세 1년 치 그리고 잠자고 있던 돈을 깨운 중고 물품 판매

금액, 생일 선물로 받은 현금들을 합친 금액 천만 원으로 남편 빚을 갚았다.

지인들이 말하는 부정적인 일들이 생길까 봐 두려워 아무것도 하지 않고 있었더라면 나에게는 오지 않았을 돈이다. 두려운 것들에 당당히 맞서고 문제를 해결하려고 애쓰는 과정에서 배움도 있고 성장도 있다.

지금보다 두 배의 수익을 목표로 하고 있다. 충분히 가능하다고 생각한다. 두렵지만. 불안하지만 앞으로 나아가고 행동했기에 얻은 결과물이라고 생각한다. 지금은 내가 하는 일은 없다. 이제부터는 돈이 스스로 일을 해서 돈을 벌고 있다. 누군가에게는 아주 소소한 금액일지도 모른다.

하지만 이런 소소한 금액들이 들어오는 파이프라인이 모이고 모여 일하지 않고 살 수 있는 경제적 자유를 얻을 수 있게 된다. 푼돈이 모이고 모여 종잣돈이 되는 것처럼.

나를 변화시킨 공부 시간

처음 시작은 돈이었다. 돈이 벌고 싶어 자격증 공부를 시작했고, 자는 시간을 줄여가며, 연년생 아이들을 키우며 공부를 했다. 결혼을 한 기혼 여성에게 주어지는 자유 시간은 그리 길지 않다. 아이들이 어린이집에 있는 시간, 남편이 출근한 오전 10시부터 오후 2시까지가 오직 나에게 주어지는 자유시간이다. 이 시간 동안 나의 자격증 공부와 어질러진 집을 정리해야 한다. 가족들과 지인들이 나의 자격증 공부를 도와줄 거라는, 응원해줄 거라는 기대는 쓰레기통에 넣어 버려야 한다. 그 기대감이 실망감으로 바꿔버려 공부를 방해하는 요소로 작용하기 때문이다.

공인중개사 시험은 1년에 한 번 있는 시험이다. 1년이라는 시간 동안 '공부를 포기할까?'라는 생각이 수없이 찾아온다. 공부를 시작한 나의 굳은 결심은 공부를 시작한 두세 달 뒤면 머릿속에서 지워져 버린다. 아이들이 감기에 걸려서. 장염에 걸려서 어린이집에 가지 못하고 일주일 내내 집에 있을 때는 나의 자격증 공부도 멈춰 버린다. 불안하다. 민법 판례 하나라도 더 읽어봐야 할 시간에 아무것도 하지 못하고 있는 나의 모습에 현실을 부정하기도 했고, 나의 신세를 한탄하기도 했다. 불안한 마음은 아이들에게 예민한 엄마가 되어 날카롭고 두려운 말들을 쏟아 낸다. 마음대로 되지 않는 불편한 현실에 대한 불만을 아이들에게 토해내고 있었다. 아이들 잘못이 아님에도 불구하고 나는 그렇게 예민한 엄마로 변해가고 있었다.

생각의 변화가 필요했다. 1년이라는 시간 동안 수없이 찾아 올 위기의 순간마다 나를 일으켜 세울 무언가가 필요했다.

첫 번째, 지금 나에게 제일 중요한 것에 집중하기로 했다.

공인중개사 자격증과 아이들과의 시간 중 나에게 중요한 것은 1초의 망설임도 없이 아이들과의 시간이었다. 자격증은 내후년, 10년 뒤에도 얼마든지 다시 공부를 할 수 있다고 생각했다. 하지만 아이들과의 시간은 지금이 지나버리면 다시 오지 않는다. 4살, 5살 아이들과 만들어 가는 추억의 시간을 맞바꿀 것은 그 어디에도 없었다.

두 번째, 선택과 집중하라.

버릴 것은 과감히 잘라내어야 한다. 지인들과의 식사 자리와 개인적인 시간은 1년 동안 나의 계획에서 없애 버렸다. 자격증 시험 준비로 1년 동안 공부에 열중하기로 했다고 지인들에게 말을 하면 대부분 응원의 말과 함께 합격 후 만나자고 말해 준다. 간혹 이해하지 못하는 지인이 있다고 해도 신경 쓸 필요가 없다. 하나를 얻고자 한다면 하나를 포기해야 하는 것이 세상의 이치니깐.

세 번째, 피할 수 없으면 즐겨라.

주부라면 각종 집안 행사에 참여해야 한다. 명절과 제사, 가족모임, 가족 여행 등 집안 행사에 자유롭지 못하다.

간혹 며느리의 공부를 응원해 주는 집안의 어른들도 계시지만 대부분의 어른들은 며느리의 공부는 집안 행사를 배제해줄 만큼 중요하지 않다. 그래서 나는 즐기기로 마음먹었다. 며느리가 할 일, 주부가 할 일을 피하지 않았다. 어차피 내가 해야 할 일에 투정을 부려본들, 나에게 남는 건 지나친 감정 소비로 걸레짝이 되어버린 마음뿐이었다.

2년 동안 하루 3시간 공부해서, 돈 한 푼 들이지 않고 한 번에 공인중개사 자격증에 합격했다. 처음 나의 목표는 동차 합격이었다. 하지만 예기치 못한 일들이 생겨나면서 1차 합격 후, 다음 해에 2차 합격을 했다. 주부에게 주어지는 자유 시간은 한정되어 있다. 한정된 시간 속에서 시간을 또 쪼개고 쪼개어 공부하는 시간을 만들어 내야 한다.

처음 시작은 돈을 벌기 위한 자격증 공부였다. 부동산으로 많은 돈을 벌었다는 사람들의 이야기에 나도 부동산 공부를 해서 많은 돈을 벌고 싶어 공인중개사 자격증 시험을 준비했다. 하지만 2년 동안 공부를 하면서 나에게는 돈보다 더 중요한 것들이 남았다. 나의 소중한 아이들보다 중요한 것은 없다는 것. 매번 포기하고 싶을 때마다 나를 일으켜 세워 준 생각의 변화와 습관들. 매일 꾸준히 목표를 향해 달려가다 보면 분명 목적지에 도착할 수 있다는 믿음과 확신. 뭐라도 할 수 있을 것 같은 자신감. 살림과 육아에 지쳐 바닥까지 떨어져 있던 자존감. 돈으로도 바꿀 수 없는 인생을 살아갈 삶의 지혜를 얻었다.

돈은 마음만 먹으면 얼마든지 벌 수 있다. 공인중개사 합격 후 부동산 재테크를 시작했고 3채의 주택을 보유하고 있다. 평범했던 소심한 I형 주부가 자격증 준비를 하면서 배웠던 삶의 지혜와 부동산에 대한 지식으로 이제는 월세 받는 건물주가 되었다. 일하지 않고도 돈이 들어오는 파이프라인을 만들어가고 있다.

돈이 없다면 북테크부터

북테크, 책으로 재테크를 시작했다. 당장 할 수 있는 것이 책 읽기 말고는 없었다. 종잣돈이 없는 그때 책을 읽는 시간은 하루 중 나를 만나는 유일한 시간이었다. 매일 누구의 엄마. 누구의 아내로 살아가던 나에게 책을 읽는 시간만큼은 나, 있는 그대로의 나였다. 그렇게 매일 하루도 빠짐없이 책을 읽으며 나는 변화했고 성장했다. 불가능할 것 같았던 일들이 하나둘 이루어지기 시작했다.

첫 소형 아파트 투자에서 지금은 주식투자까지 소소하지만 재테크로 수익이 발생하고 있다. 돈도 없고 시간도 없다고 투덜대던 I형 주부가 북테크를 시작하면서 많은 것을 얻었다.

세상사 모든 것은 마음먹기에 달렸다.

1년 동안 200권 정도의 책을 읽는다. 200권이 넘는 책을 모두 구입해서 읽지는 않는다. 한정된 생활비로 책 구입비 지출을 하기에는 불가능했다. 읽고 싶은 책들은 많고, 돈은 부족했기에 나는 도서관에서 책을 빌려서 보거나 서평 이벤트로 책을 읽었다. 그렇게 읽어낸 책들이 일 년에 대략 200권이 넘는다. 재테크에 관련된 책들부터. 마음을 치유하는 책. 흔들리는 나를 잡아주는 자기 계발서들로 나의 책장에 책들이 차곡차곡 쌓여 갔다. 책이 쌓여 갈수록 나 역시 성장해가고 있었다. 돈이 없어서 책을 읽지 못한다는 것은 핑계이다. 시간이 없어서 책을 읽지 못하는 것 역시 핑계이다. 최고의 투자자로 알려진 워런 버핏보다 자신의 하루가 바쁘지 않다면 책을 읽는 시간은 충분하다고 생각한다. 누구보다 바쁜 워런 버핏도 매일 책을 읽는다.

1. 직접 서점에 들러 읽고 싶은 책을 구입해 읽는다.
 - 생활비에서 충분한 도서 구입비 지출이 가능하면 직접 책을 구입해서 읽는 것이 좋다. 읽고 싶은 책을 바로 구매해서 읽을 수 있는 장점과 언제든지 책을 꺼내 읽을 수 있고, 다 읽은 책은 중고 서점에 재판매가 가능하다. 책을 기한 내 읽어야 하는 시간 제한이 없다.

2. 집 근처 도서관에서 책을 빌려서 읽는다.

– 부족한 생활비에 책 구매 부담이 없다. 읽고 싶은 책을 바로 읽을 수 없고, 기한 내 책을 반납해야 하기 때문에 시간에 쫓겨 책 내용 집중도가 떨어질 수 있다.

3. 출판사 서평 이벤트 참여해서 책을 읽는다.

– 책 구입 비용을 절약할 수 있다. 새로 출간되는 책을 빨리 읽어볼 수 있다. 기한 내 읽고 서평을 작성해야 하기 때문에 시간 제한이 있다.

대부분 서평 이벤트로 책을 읽고 있다. 블로그에 많은 서평 글을 포스팅하고 난 뒤 메일이나 쪽지로 서평 의뢰가 들어오고 있기에 서평 책만으로도 책을 읽는 시간은 충분하다.

책 읽기가 얼마나 중요하다는 것은 어린 시절부터 들어 왔던 이야기이다. 하지만 직접 느끼고 경험했던 것은 마흔이 다 되고 나서야 책 읽기의 중요성을 알았다.

처음 책 읽기는 돈을 벌고 싶어 시작했다. 많은 독서로 인해 부자가 된 사람들의 이야기에 나도 그들처럼 부자가 되고 싶었다.

하버드 졸업장보다 독서의 습관이 중요함을 강조한 세계 최고 부자 빌 게이츠는 엄청난 독서가로 알려져 있다. 그가 정보화 시대의 영웅이 된 것은 우연이 아니라 독서의 산물인 셈이다.

책을 무작정 읽는다고 부자가 되는 것은 아니다. 부동산 경매로 많은 돈을 벌고 싶다면 경매에 관련된 서적을 100권 이상은 읽은 다음 실전 경매로 경험을 쌓아야 된다고 전문가들은 말하고 있다. 책을 읽는 것에서 끝내는 것이 아니라 책을 읽고 행동해야 원하는 것을 얻을 수 있다.

책을 읽는 것에서 끝내 버리면 책을 만 권을 읽어도 달라지는 것은 없다. 책을 읽고 책에서 주는 지혜로 나만의 재테크 방법을 만들어 나가야 한다. 경매든, 청약이든, 주식이든, 돈을 벌기 위해 시작한 독서라면 돈을 벌기 위해 행동해야 한다. 엄청난 독서가로 알려진 빌 게이츠가 세계 최고 부자가 될 수 있었던 것도 책 속의 지혜를 머릿속에만 넣어둔 것이 아니라 행동했기 때문에 부자가 될 수 있었던 것이다.

현세에서도 존경 받는 조선의 4대 임금 세종대왕 역시 책을 손에서 놓지 않았다. 한글을 창제하고 백성을 사랑했던 마음은 어릴 때부터 책 읽기를 즐겨했던 세종대왕의 책 읽는 습관에 있었다. 책 읽기는 좁은 시야를 넓은 관점에서 바라볼 수 있는 통찰력을 가지게 해 주고, 내가 겪지 못했던 경험들을 간접적으로 겪을 수 있게 해 주기도 한다. 한 해 동안 200권이 넘는 독서를 하면서 내가 가진 새로운 재능을 발견하기도 하고, 작은 울타리 속 생각들이 좀 더 넓은 생각을 하면서 문제를 바라보는 시선이 변화하였다. 상대방의 입장에서 생각을 하고, 불필요한 말들과 생각들을 절제할 수 있는 힘도 생겼다.

책 읽기는 외롭고 힘든 마음을 치유해 주기도 했다. 책을 읽다 보면 책 속의 이야기가 나의 이야기인 것처럼 마음을 달래 주기도 하고, 힘을 내라고 어깨를 토닥이기도 했다. 나 역시 책으로 지쳐 있던 마음을 위로 받기도 했고, 상처로 얼룩졌던 과거 속에서 벗어날 수 있었다. 지금도 여전히 나는 책으로 지친 마음을 치유하고 있다.

"나는 외로울 때마다 책을 읽었다. 독서는 어린 시절 나의 안식처였다."

52년 동안 8천 권의 책을 읽은 나폴레옹 역시 책으로 외로움을 달래고 마음을 치유했다.

그가 섭렵한 책의 범위는 동서고금을 총망라한 것이었다.

사소한 것부터 단계별로

1. 부자가 될 수 있다는 결심을 한다

부자가 되고 싶다면 부자가 되어야겠다는 결심부터 해야 한다. 그리고 난 다음 구체적이고 세부적인 단계별 계획을 세워야 한다. 월 단위, 연 단위로 날짜 별 목표를 설정하는 방법, 시간에 상관없이 소소한 목표부터 단계적으로 성취해 가는 방법 등 자기 취향에 맞는 목표 달성 방법을 만들어 계획을 세운다.

소소한 목표부터 차근차근 이루어나가는 방법으로 부자가 되는 길을 향해 걸어가고 있다. 급한 성격에. 체력이 약하다 보니 장거리 목표는 나를 쉽게 지치게 해 실패할 확률이 높다. 작은 것부터 소소하게 성취하면서 하는 소소한 재테크가 나의 성향에 맞다.

2. 부자가 될 수 있는 라이프 스타일로 바꾸자.

숨만 쉬어도 나가는 고정적인 지출을 줄이기는 쉽지 않다. 불필요한 지출 내역을 줄이는 것에서부터 시작해야 한다. 우리는 알게 모르게 사용하지 않은 물건들을 1+1이라 구매하고, 정리하지 않은 물건들 틈에 숨어 있는 물건을 발견하지 못해 또 구매하고, 예뻐서, 저렴해서, 이번 기회가 아니면 살 수 없는 한정판이라서, 당장 필요하지 않는 물건에 돈을 지출하고 있다. 냉동실에 꽉 찬 식재료를 비워내지 않고 또다시 음식을 채워 넣고 있다. 부자가 될 수 없던 10년 전 나의 라이프 스타일이다. 부자가 되기로 결심하고 나는 불필요한 지출을 관리하기 위해 가계부를 쓰고, 수입과 지출을 한눈에 볼 수 있게 정리했다. 그렇게 수입과 지출이 한눈에 보이니 쓸데없는 지출도 줄일 수 있게 되고, 통장의 잔고는 소형 아파트를 구매할 수 있는 종잣돈이 되고, 비교적 저렴한 타이밍에 삼성전자 주식을 매수 할 수 있는 시드머니가 되어 주었다.

3. 나의 투자 성향을 알아야 한다.

공인중개사 자격증을 취득하면서 부동산에 관심을 가지게 되었다. 아파트 분양권으로 많은 돈을 번 사람들의 이야기에 나도 그렇게 돈을 벌고 싶어 시작했던 부동산 공부였다. 소소하게 부동산에 투자 하면서 지금은 3채의 집을 보유하고 있다. 부동산 재테크를 시작하면서 첫 소형 아파트에 투자하고 월세 세팅을 마치고 난 뒤부터 정부의 부동산 대책이 쏟아져 나오기 시작했다. 한 달을 멀다 하고 쏟아지는 부동산 대책에 어리둥절했다. 그렇게 나는 잠시 부동산 재테크는 쉼의 시간을 갖기로 했다. 매번 개정되고 새로 추가 되는 부동산 대책에 마음이 불안했다.

투기성이 강하다고 생각했던 주식은 나의 재테크 종목에는 존재하지 않았다. 절대로 하지 않겠다고 마음먹고 있던 주식을 시작하게 된 계기는 주식 배당금에 대한 이야기를 들으면서 나의 생각이 바뀌었다. 비교적 안전한 우량 기업의 주식을 매수해 10년 20년 뒤 기업의 미래가치에 투자를 하고, 분기마다 보유 주식에 따라 배당금을 지급하는 주식 배당금 제도가 주식 투자를 하게 된 계기가 되었다.

수익률로 따지면 투자금 대비 소형 아파트 월세 보다 높다. 부동산 재테크로 월세를 주고 있는 아파트는 이리저리 신경 쓸 것들도 많고 집값 하락에 신경이 쓰이고, 정신없이 쏟아내는 부동산 대책에 머리가 복잡해 몇날 며칠 불안한 생각들 속에서 살았다. 비교적 안정적이라고 생각했던 부동산 재테크가 지금은 나를 불안하게 만들고 있었다.

나는 보수적인 주식투자에 좀 더 적합한 성향을 가지고 있다. 미래의 일은 아무도 예측할 수 없지만 지금 현재는 주식투자가 나의 성향에 적합하다.

4. 통장 분리. 카드 분리

월급통장, 생활비 통장, 돈 모으는 통장 3개의 통장으로 통장을 분리해 사용한다. 생활비 통장에는 매달 결제될 카드 대금과 보험료 등 숨만 쉬어도 나가는 고정적 지출 금액을 넣어둔다. 그리고 돈을 모을 수 있는 통장은 따로 관리하고 있다. 할인율이 높은 카드와 포인트 적립 카드. 공과금 자동이체시 할인되는 카드를 선택해서 사용한다. 소소한 금액이지만 이런 적은 금액들이 모여 푼돈의 힘이 생겨난다.

5. 구체적이고 정확한 목표

사람마다 돈이 들어오는 시기는 모두 다르다. 운이 좋아 한 달만에 구입한 아파트 가격이 2배로 상승할 수도 있고, 몇십년을 살고 있는 아파트가 재건축 호재로 가격이 상승할 수 있다. 돈을 벌고 싶다면. 부자가 되고 싶다면 어떻게 돈을 벌 것인지. 언제까지 얼마를 벌 것인지. 머니 로드맵을 그려야 한다. 정확한 목표가 있어야 정확한 지도를 그릴 수 있다. 막연한 '부자가 되고 싶다. 돈이 돈을 벌어오는 파이프라인을 만들고 싶다.'라고 생각했다. 생각 속에 갇힐 확률이 높다. 정확하고 구체적인 생각으로 바꿔야 한다. 생각을 행동으로 옮겨야 변화가 일어난다. 부자가 되고 싶으면 제일 먼저 해야 할 일에 집중한다. 모아둔 돈이 없다면 돈을 모아야 하고, 재테크 관련 서적을 읽고, 공부를 하고, 나의 성향에 맞는 투자 종목을 선택하고, 소소하지만 정확한 계획을 세워 행동으로 옮기고 하나하나 단계별로 이루어 나아가야 한다.

나의 부자의 기준은 은행 대출 없는 집. 급할 때 사용할 수 있는 현금 10억. 돈이 돈을 버는 파이프라인으로 매달 200만 원 수입이 있는 사람이라면 부자다. 내가 생각하는 부자의 자격이다. 사람마다 생각하는 부자의 자격은 다를 것이다. 100억이 될 수 있고, 몇 천 몇 백 억을 소유해도 부자라고 생각하지 않는 사람들이 있을 것이다.

나는 내가 생각한 부자의 자격이 되는 것이 목표이다.

투자 전문가의 생각을 엿듣다

재테크 공부를 시작하면서 닥치는 대로. 손에 잡히는 대로 재테크 관련 서적을 읽어 내려갔다. 경매에 관련된 책을 읽고 있다 보면 당장 책을 덮고 경매가 이루어지는 근처 법원으로 달려가고 싶은 생각이 들었고, 나도 그들처럼 경매로 수익을 얻을 수 있다고 생각했다. 하지만 책을 덮고 경매 물건을 검색하고 권리 관계를 분석하면서 점점 불안한 감정이 생겨나기 시작했다.

"수익을 낼 수 있을까?"

"기존 거주자들과 문제가 생겨 명도 소송까지 가야 되는 것은 아닐까?"

"숫자를 잘못 적어 계약금마저 날리는 건 아닐까?"

책을 읽는 동안은 경매로 내가 원한 소형 아파트들을 낙찰 받아 돈이 일하게 하는 시스템을 만들 수 있다는 자신감이 가득했는데 책을 덮고 실전 투자 출발선에 서 있으니 온갖 불안한 질문들이 머릿속을 헤집고 다녔다. 책을 읽고 행동하지 않으면 천 권의 책을 읽는다고 해도 아무런 변화가 일어나지 않는다는 말에 나는 두려움과 복잡한 질문들을 가득 안고 첫 실전 경매투자를 하기 위해 온라인 임장과 물건의 시세 조사를 끝내고, 대출 관련 문의를 위해 은행에 전화를 걸었다.

"주택담보대출을 받고 싶어서 문의드려요. 전업주부도 대출이 가능한가요?"

"고정적 수입이 있으면 가능합니다."

"수입은 없고 아파트 담보로만 대출이 가능하지 않나요?"

"수입증명이 되지 않으시면 대출은 불가능합니다."

은행에서는 수입 증명이 되지 않는 전업주부는 대출이 되지 않는다는 말과 주택담보대출을 원하시면 수입 증명을 해야 대출이 가능하다고 했다. 책에서는 모두들 대출을 받아 경매 물건을 낙찰 받고 급매 아파트를 구매하는 것이 가능했는데 현실에서는 불가능했다.

부동산 대책, 부동산 대출 규제, 부동산 세금 개정 등 부동산 규제는 매년 개정되고 바뀌어 가고 있었는데 나는 책이 출간된 시점과 글을 쓴 저자의 시점을 생각하지 못하고 글을 읽었고, 그들의 발걸음을 그대로 따라가는 오류를 범하고 있었던 것이다. 10년 전 부동산 투자로 성공한 사례, 회사에 다니며 마이너스 통장으로 부동산 투자를 했던 성공 사례, 결혼 전 투자 성공 사례 등 살고 있는 지역, 환경, 재정 상태, 투자 성향, 성별 등이 다른 투자자들의 성공 사례들을 따라 하다 보니 출발선 앞에서 계속 브레이크가 걸리고 말았다.

조급한 마음을 내려놓고 나만의 재테크 투자 가이드라인을 만들어 보기로 했다. 책의 저자가 남자 투자자보다는 여자 투자자의 책을 보게 되었고, 나와 비슷한 전업주부들의 투자 관련 책을 찾아 읽는 선택적 독서를 시작했다. 책속에서 나와 비슷한 환경, 재정상태, 투자 성향들을 만나게 될 때면 그들의 노하우를 노트에 적어 놓고 그들처럼 행동으로 옮겨 보았다. 그렇게 하나둘 선택적 독서를 하게 되면서 나만의 재테크 가이드라인을 만들 수 있었고, 천천히 조금씩 나만의 소소한 재테크를 이어가고 있다.

투자자 마인드를 배우다

전문가들의 이야기를 듣다 보면 그들이 왜 성공할 수밖에 없었는지 알 수 있다. 많은 투자자들의 마인드를 내 것으로 만들기 위해 나는 오늘도 책을 읽고, 그들의 칼럼을 읽고, 강의를 듣는다.

1987년 뉴욕 증권사에서 발생했던 주가 대폭락 사건 블랙 먼데이. 인터넷 관련 분야가 성장하면서 산업 국가의 주식 시장이 지분 가격의 급속한 상승을 본 1995년부터 2000년에 걸친 거품 경제 현상 닷컴 버블, 2007년 미국의 초대형 대부업체들의 파산이 몰고 온 세계적인 경제위기 서브프라임 모기지 사태 등 세계를 강타한 경제 위기를 예견해 시장의 주목을 받은 전문 투자자들이 바라보는 돈의 흐름은 어디로 향하고 있는 걸까.

위기 속에 기회가 있다는 진리의 말에 따라 기회를 잡고자 책을 읽고, 전문가들의 이야기를 들으면서 기회를 잡고자 공부를 한다.

30년 전에 삼성전자 주식은 600원 , 강남 은마아파트는 평당 68만 원이었다. 많은 사람들이 그때 삼성전자 주식을 샀더라면. 그때 강남 아파트를 샀더라면. 그때 그 당시의 기회를 잡지 못함에 후회를 하고 있다. 저평가되었던 삼성전자와 강남 땅에 미래 가치를 보고 투자를 결정하는 것은 그리 쉬운 일이 아니다. 지금도 30년 뒤 미래가치를 가지고 있는 투자처는 넘쳐 나지만 우리는 미래의 돈이 어디로 가고 있는지 알지 못하기 때문에 투자를 머뭇거린다.

"손절 의사가 없으면 존버 해!"

주식앱을 보고 한숨을 쉬고 있는 나를 보고 남편이 한 말이다. 손절은 말 그대로 손실을 감수하고 주식을 매도하는 것이고, 존버는 언제가 상승할 것이라는 기대감으로 인내를 가지고 주식이 오를 때까지 버티는 것이다. 인내를 가지고 내가 보유한 주식이 오를 것이라는 확신으로 버티다 보면 어느정도의 시간이 지난 뒤 놀랍게도 보유한 주가가 상승해 있는 것을 볼 수 있다. 투자는 조급한 마음을 버리고, 버티고 인내해야 수익을 얻을 수 있다.

간단히 돈을 벌 수 있다면 누구나 부자가 되겠지만 그건 불가능하다. 돈을 쉽게 벌겠다고 달려든 이들은 대부분 투자에 실패한다.

돈을 쉽게 빨리 벌려고 하면 안 된다. 쉽게 빨리 돈을 벌었다고 한들 그 돈은 다시 두배 세배의 손해를 남기고 떠나버린다. 돈을 벌고 싶다면 돈을 벌기 위해 필요한 노력을 반드시 해야 한다. 누구의 말에 의한 투자가 아닌 나의 생각과 나의 선택에 의한 투자를 하기 위해서는 많은 공부와 수많은 정보 수집을 해야 성공 확률이 높아진다.

마음이 조급해질 때는 문을 걸어 잠그고 마음을 가라앉힌 후 조용히 기다려야 한다. 절대로 서둘러 어딘가에 투자해야 한다고 생각하면 안 된다. 성급한 마음이 대부분 사람들의 투자 성공을 방해하고 있다는 것을 잊지 말아야 한다.

주식창을 볼 때마다 상승하고 있는 주식들에 눈길이 간다. 오늘 아니면 내일은 못 살 것 같은 조급함에 매수 버튼을 누르기를 반복했다. 회사의 미래가치는 보지 않고 무작정 인기 있고, 상승하는 주식을 매수하려고 했다. 조급한 마음에 주식을 매수하려고 했던 나의 행동은 투자에 성공할 수 없다.

원하는 삶을 살고 싶다면 자신과 자신을 둘러싼 세계에 대해 끊임없이 생각해야 한다. 이처럼 인생을 어떻게 살 것인지 생각하는 데 있어 철학은 유용한 학문이다.

무작정 돈을 좇아 직장을 구하고, 일을 하는 것보다 내가 좋아하는 일을 하면 저절로 돈은 따라온다. 내가 원하는 삶. 내가 행복한 삶을 살아가는 것이 무엇보다 우선이 되어야 한다.

경제위기는 지금 무슨 일이 일어나고 있는지 주의를 기울이면 사전에 신호를 발견할 수 있다. 위기는 반복된다는 전제 아래 대비하는 것이 중요하다. 위기의 순간에 보이는 인간의 행동에는 놀라울 정도로 공통점이 많기 때문이다.

90년대 IMF 경제위기 속에서도 돈으 흐름을 좇아 가 부자가 된 사람들이 많았다고 한다. 그들은 위기 속에서 기회를 잡았던 것이다. 많은 전문가들은 코로나 바이러스로 인한 경기 침체는 시작에 불과하다고 말하고 있다. 아직 시작도 안 한 경제 위기 속 부의 기회를 잡을 수 있는 사람들은 누가 될까.

나 혼자 한 것이 아니다

차복이와 석숭이라는 옛이야기가 있다. 가난한 나무꾼 차복은 나무를 해 시장에 내다 팔며 살았다. 열심히 일하면 형편이 나아질 까 싶어 나무를 넉넉하게 했다. 한데, 다음 날 나무 절반이 사라졌고, 누가 나무를 훔쳐 가는 것을 보고 그 뒤를 따라 가보니 옥황상제 앞이었다. 차복은 옥황상제에게 따져 물었고 옥황상제는 "네복은 딱 그만큼이다."라고 말했다. 그 방에는 사람들의 복주머니가 달려 있었는데 차복의 복주머니는 주먹 하나 크기였다. 차복이 유난히 큰 주머니를 가리키며 누구의 것이냐고 물었다. 그것은 곧 태어날 석숭이의 것이라고 옥황상제가 말했다. 차복은 석숭이의 복을 빌리고 나중에 돌려주겠다고 약속했다. 차복은 점점 재물이

불어나 부자가 되었다. 어느 해 겨울 거지 부부가 차복이 집 문을 두드렸다. 만삭인 거지 여인을 본 차복은 방 하나를 내어주고 아이를 낳게 했다. 그 부부는 아이 이름을 석숭이라고 지었다. 차복은 이제 내 재물은 석숭이의 것이라고 생각했고, 거지 부부에게 자기 집에서 같이 살자고 말했다. 서로 더불어 살아가며 이후에 차복은 모든 재산을 석숭에게 물려주었다.

차복이가 석숭이의 복을 빌리지 않았다면 부자가 될 수 없었을 것이다. 거지 부부에게 태어난 석숭이 역시 차복이 덕에 많은 재물을 얻을 수 있었다. 자신의 복 만으로 성공하고 부자가 될 수 있는 것이 아니다.

블로그 이웃 글에서 아이들 청약 통장 이벤트 글을 보았다. 청약 통장에 가입하면 아이들 띠 도장을 무료로 만들어 주고 연 5.5% 적금에도 가입할 수 있었다. 아이들이 태어나면서 만들어 주었던 알록달록 도장 대신 나무로 만들어진 성인이 되어서도 사용 가능한 도장으로 바꿔 주기에 좋은 기회라고 생각했다. 블로그를 하지 않았더라면, 이웃의 글을 읽어 보지 않았더라면 그냥 지나쳐 버렸을 이벤트였다. 이웃이 알려 준 좋은 기회로 아이들 띠 도장을 신청했고, 높은 이율의 적금 또한 가입할 수 있었다. 이웃이 가진 복을 내게 나눠 주었기에 가능했던 일이라고 생각했다.

그 외에도 살아가다 보면 주변 사람들에게 여러 복을 나누고 받으며 살아간다. 미처 알지 못했던 유용한 정보들로 수익을 얻게 되기도 하고, 어려움을 헤쳐 나가기도 한다. 그렇게 우리는 차복이와 석숭이처럼 복을 나누며 더불어 살아간다.

우리는 그동안 큰 착각을 하고 살아왔다. 전부 자기 복이고 자신은 제 복으로만 살아간다고 생각하는 것이다. 생각해보면 모두 내 복으로만 살아오지 않았다는 것을 알 수 있을 것이다.

블로그 이웃의 글에서 본 이야기를 나의 주변 사람들에게도 알려 주었다. 고등학생을 위한 청약 이벤트로 가입한 모든 학생에게 현금 2만 원을 지급하고, 편의점 쿠폰 지급 이벤트도 함께 하고 있었다. 마침 고등학교에 입학하는 아이에게 청약 통장을 만들어 줄 생각이었던 지인에게 좋은 정보였다. 바로 아이와 함께 은행에 방문해 통장을 개설했다는 이야기를 전해 들었다. 만 14세 이상이 되면 아이가 혼자 은행에 방문해 통장을 개설할 수 있다. 청약 통장은 납입한 횟수와 기간에 따라 점수가 달라진다. 청약 통장 가입 기간이 적용되는 시점은 만 17세부터이다. 지인은 1년 일찍 가입을 했지만 적당한 시기에 좋은 혜택을 받고 가입했다고 만족해하고 있었다.

눈에 보이지는 않지만 많은 사람들과 서로 복을 나누며 살아가고 있다. 나의 성공이 모두 나의 것이 아니라는 것을. 누군가에게 도움을 받았다면 나 또한 그 도움이 필요한 누군가에게 나눌 수 있어야 하고, 생각보다 많은 돈을 벌 수 있었다면 조금은 다른 누군가를 위해 쓸 줄 알아야 한다. 그 복이 다 내 복이 아니기에 받은 만큼 만이라도 다시 되돌려줘야 하지 않을까.

세상에는 지금까지 생각지도 않았던 다양한 선택지가 존재한다. 지금 가는 방향이 더디고 버거운 생각이 들면 미세하게 방향을 틀어보는 것은 어떨까. 그 곳에 또 다른 선택의 기회가 있을지도 모른다.

돈을 대하는 태도

돈이 목표가 되어 버리면 행복하지 않다. 돈이 없어도 행복하지 않다. 행복한 삶을 위해서 부단히 노력해 왔다. 지금도 역시 노력하고 있다. 좋은 대학을 나왔다는 것은 그 대학을 가기 위해 성실히 노력했을 것이고, 좋은 직장에 취직했다는 것은 치열한 경쟁을 모두 견뎌냈기에 얻어 낸 결과일 것이다. 좋은 대학, 좋은 직장을 다녀서 대단한 것이 아니라 그렇게 되기 위해서 노력했던 치열한 그들의 시간이 대단한 것이다.

돈을 벌어서 행복한 것이 아니라 그 돈이 오는 과정과 나가는 과정이 행복한 것이다. 돈이 들어와 살고 싶었던 내 집이 생겨 행복한 것이고, 아이들이 배우고 싶은 학원을 보낼 수 있어 행복하고, 지인들과의 식사에서 눈치 보지 않고 밥값을 계산할 수 있어 행복한 것이다.

돈을 대하는 태도에 따라 돈의 쓰임은 달라진다. 오직 나를 위해 내 만족을 위해 구매하는 명품 소비는 좋은 소비이다. 그 소비로 인해 기분이 좋아지고, 삶을 더 긍정적으로 살아갈 수 있다면 더 많은 것을 얻을 수 있다. 하지만 남에게 보여주기 위해 나의 부를 과시하기 위해 명품 소비를 한다면 나쁜 소비이다. 사람들은 타인의 삶이 별로 궁금하지 않다. 사람들이 명품 가방을 메고 다닌다고 그 사람을 하루 종일 생각하고 부러워하거나 하지 않는다. 부러움은 찰나의 순간처럼 사라져 버린다. 자기 만족도, 돈의 쓰임도 모두 좋지 않은 방향으로 흘러가 버린다. 돈을 대하는 태도가 나 자신을 향해야 한다.

돈을 잘 모으는 것도 중요하지만 잘 쓰는 것도 중요하다. 돈의 단계적 목표를 설정해 하나 씩 도달했을 때는 나의 수고에 대한 보상을 해주는 것이 좋다. 너무 돈을 쫓아 달려가기보다는 돈이 나를 쫓아오게 만들어야 한다. 돈을 쫓아가다가는 나의 목표도. 방향도 모두 틀어져 버릴 수 있다는 것을 주의해야 한다.

소크라테스는 이런 말을 했다. "재산이 많은 사람이 그 재산을 자랑하는 일이 있더라도 그 돈을 어떻게 쓰는지 알 수 있을 때까지는 그를 칭찬하지 마라."

돈이 많은 것보다 그것을 어떻게 쓰는가가 중요하다.

지금 우리에게 주어진 삶이 다른 누군가에게는 살고 싶었던 간절한 삶일 수도 있다는 것을 잊으면 안 된다. 지금 내가 가진 것들의 가치가 얼마나 값진 것들 인지를 알아간다면 우리는 살아가는 순간 순간이 행복의 연속일 것이다. 삶의 행복은 멀리 있는 것이 아니었다. 우리가 지금 선택할 수 있는 것이다.

돈의 많고 적음으로 행복을 논할 수는 없다. 돈을 대하는 태도가 어떤 모습을 하고 있는지에 따라 행복은 달라지는 것이다.

돈이 돈을 부르는 전업주부 재테크

초판 1쇄 발행 | 2024년 2월 20일

지은이 | 김미옥
펴낸이 | 김지연
펴낸곳 | 마음세상

주소 | 경기도 파주시 한빛로 70 515-501

출판등록 | 제406-2011-000024호(2011년 3월 7일)

ISBN | 979-11-5636-537-2 (03320)

ⓒ김미옥, 2024

원고투고 | maumsesang2@nate.com

* 값 14,500원